LE SERVICE PHOTOGRAPHIQUE DU GOUVERNEMENT PORTUGAIS

LA SECTION PHOTOGRAPHIQUE ET ARTISTIQUE

DE LA

DIRECTION GÉNÉRALE

DES

TRAVAUX GÉOGRAPHIQUES DU PORTUGAL

PAR

JOSÉ JULIO RODRIGUES

Chef de la Section Photographique
Professeur de chimie à l'École Polytechnique
Professeur de sciences physiques et naturelles au Lycée National de Lisbonne
Secrétaire du comité central permanent de géographie
Membre de la commission portugaise des échanges internationaux
Commissaire du Portugal à l'exposition des sciences géographiques de 1875
Membre correspondant de l'Académie Royale des Sciences de Lisbonne
Membre honoraire de la Société des Sciences Médicales de Lisbonne
Membre de la Société de Géographie de Lisbonne
De l'Institut de Coïmbre
De la Société de Géographie de Paris
Membre correspondant de la Société de Géographie d'Amsterdam
Membre correspondant de la Société Belge de Géographie
Membre de la Société Française de Photographie
Membre d'honneur de la Société de Topographie de Paris
Commandeur de l'ordre de Saint-Jacques, de Portugal
Chevalier de la Légion d'Honneur
Officier d'instruction publique en France
etc. etc. etc.

LISBONNE
Imprimerie de l'Académie Royale des Sciences
1877

PORTUGAL

LE SERVICE PHOTOGRAPHIQUE DU GOUVERNEMENT

ÉDIFICE DE L'ACADÉMIE ROYALE DES SCIENCES DE LISBONNE

LE SERVICE PHOTOGRAPHIQUE DU GOUVERNEMENT PORTUGAIS

LA SECTION PHOTOGRAPHIQUE ET ARTISTIQUE

DE LA

DIRECTION GÉNÉRALE

DES

TRAVAUX GÉOGRAPHIQUES DU PORTUGAL

PAR

JOSÉ JULIO RODRIGUES

Chef de la Section Photographique
Professeur de chimie à l'École Polytechnique
Professeur de sciences physiques et naturelles au Lycée National de Lisbonne
Secrétaire du comité central permanent de géographie
Membre de la commission portugaise des échanges internationaux
Commissaire du Portugal à l'exposition des sciences géographiques de 1875
Membre correspondant de l'Académie Royale des Sciences de Lisbonne
Membre honoraire de la Société des Sciences Médicales de Lisbonne
Membre de la Société de Géographie de Lisbonne
De l'Institut de Coïmbre
De la Société de Géographie de Paris
Membre correspondant de la Société de Géographie d'Amsterdam
Membre correspondant de la Société Belge de Géographie
Membre de la Société Française de Photographie
Membre d'honneur de la Société de Topographie de Paris
Commandeur de l'ordre de Saint-Jacques, de Portugal
Chevalier de la Légion d'Honneur
Officier d'instruction publique en France
etc. etc. etc.

LISBONNE
Imprimerie de l'Académie Royale des Sciences
1877

Cette brochure, écrite sur le même plan qu'une notice publiée en portugais, à Lisbonne, vers les derniers mois de 1876, a été refondue et considérablement augmentée dans ce qui a rapport aux procédés adoptés par l'établissement dont elle s'occupe.

DISTINCTIONS OBTENUES À L'ÉTRANGER

PAR LE SERVICE PHOTOGRAPHIQUE DU GOUVERNEMENT PORTUGAIS

Médaille.—Exposition organisée en 1874 par la Société Française de Photographie.

Médaille d'argent.—Exposition organisée par la même Société en 1876.

Lettre de distinction.—Congrès et exposition des Sciences Géographiques à Paris, en 1875.

Médaille. Exposition de Philadelphie, 1876.

La Section photographique n'a pu exposer à Vienne en 1873.

AVANT-PROPOS

Le décret royal du 18 décembre 1869, qui a établi le réglement de la Direction générale des travaux géodésiques, topographiques, hydrographiques et géologiques du royaume, place la photographie géographique au nombre des services à la charge de cette Direction générale.

Dans une dépêche officielle, adressée par feu le général Folqué, le 15 janvier 1872, au Ministre et Secrétaire d'État des Travaux Publics, du Commerce et de l'Industrie, ce professeur faisait ressortir les avantages des nouveaux procédés photographiques sur l'ancien système de gravure, exclusivement employé par la susdite Direction générale pour la publication de ses cartes géographiques. Le 5 avril de la même année, cet illustre géographe insista sur l'adoption pratique de ces procédés. La proposition, enfin, faite par ce même savant au gouvernement de Sa Majesté, pour la création d'un service photographique officiel, date du 13 août suivant.

Telle est en résumé la série des faits, que l'on peut regarder comme les préliminaires officiels de la Section photographique, créée par arrêté ministériel du 15 novembre 1872.

Instituée comme une sorte d'annexe à la sixième section de la Direction générale des travaux géodésiques, la Section photographique ne pouvait manquer de signaler la nécessité d'amples améliorations dans le matériel de l'ancien atelier lithographique, absolument insuffisant pour les besoins d'un grand établissement de géographie.

Néanmoins, comme l'existence, dans le même institut, de deux sections artistiques, avec local séparé, n'était ni sensée ni économique, on s'est occupé de fondre tous les ateliers en un vaste établissement qui, sous le nom de Section Artistique, pût remplir complètement, en conformité avec la science actuelle, les desseins de l'illustre signataire du réglement du 18 décembre 1869.

Quoique récemment installée, la Section photographique a, jusqu'à ce jour, 30 mars, imprimé plus de 30,000 épreuves et fourni au public près de 1,000 gravures d'une valeur d'environ 8,333 francs, (1,500,000 réis).

Les presses lithographiques et typographiques de cette Section peuvent faire journellement plus de 5,000 tirages; il est facile d'y graver, dans un espace de huit jours, un travail qui, fait au burin, demanderait quelques années. Grâce à l'élasticité du caoutchouc, la même Section peut, en très peu de temps, réduire ou augmenter l'échelle d'un dessin lithographique. La vapeur, à peu de frais, met en mouvement les divers appareils et machines de l'établissement, fabrique la lumière qui éclaire ses ateliers et, au besoin, remplace le soleil dans un grand nombre de travaux, surtout dans ceux qui exigent du fini et de la délicatesse dans les détails, parfois difficiles à obtenir sans l'intervention de l'électricité. La lithographie, rapidement transformée en gravure typographique, peut y être imprimée dans le texte d'une publication quelconque. La chromo-lithographie s'y joint à la chromo-typographie non moins belle et cependant moins chère et, dans peu de temps, lorsqu'on aura adopté dans notre pays le remarquable procédé du sympathique et savant directeur du service artistique de l'Institut topographique de la Haye, M. Eckstein, procédé récemment étudié dans le pays même par l'excellent graveur de la Direction générale des travaux géodésiques, M. Santos, l'ancienne Section photographique aura complété le cours de ses améliorations et, pour quelque temps du moins, pourra se reposer de ses efforts.

Appréciée à l'étranger, la Section photographique a vu ses procédés rapportés dans différents journaux anglais, français, belges, autrichiens, etc.

Des publications spéciales, françaises et autrichiennes, ont publié des spécimens de ses travaux artistiques. Qu'on nous permette de citer le *Moniteur de la photographie*, le *Bulletin de la Société française de photographie*, tous deux imprimés à Paris, et la *Photographische Correspondenz* de Vienne, journal qui, à deux reprises, a offert à ses abonnés des spécimens qu'il nous avait demandés et que nous avions immédiatement mis à sa disposition.

Le service photographique du gouvernement portugais, si généreusement apprécié dans tous les concours artistiques où il s'est présenté comme établissement—sui generis—offre un témoignage incontestable de la vitalité et de l'initiative d'un peuple qui ne veut pas démentir son glorieux passé, et qui persévère toujours dans l'accomplissement d'entreprises aussi utiles et profitables que civilisatrices.

RENSEIGNEMENTS DIVERS

Le 15 novembre dernier, la Section photographique a complété quatre années d'existence officielle. Chargé, en février 1872, par feu le général Philippe Folque, des études qui devaient servir de base à cet établissement, l'auteur de cette notice en fut nommé chef par arrêté ministériel du 27 novembre de la même année.

A trois reprises différentes, des travaux de réparation ou d'instaltation dans la partie du bâtiment, consacrée aujourd'hui à la Section pholographique, furent ordonnés. Les premiers travaux entrepris et s'élevant à une dépense d'environ 555,55 fr. (100,000 réis) furent terminés en avril 1872; les seconds, commencés en décembre de la même année, se poursuivirent jusqu'en avril 1873 et coûtèrent près de 33,333 fr. (6,000,000 réis); les derniers enfin furent entrepris en juin 1875 et achevés en novembre dernier; la dépense faite fut alors de près de 100,000 fr. (18,000,000 réis). Pendant ces derniers travaux 17 ouvriers par jour, en moyenne, furent employés et la main-d'œuvre s'éleva à la somme de 27,777 fr. (5,000,000 réis).

On peut facilement se rendre compte de la profonde transformation, opérée dans cette partie de l'ancien couvent de Jésus, en comparant l'ancien plan de l'édifice avec celui qui en a été levé dernièrement.

La somme dépensée pour cette Section, comptée jusqu'à la fin de la présente année économique (juin 1877) peut, en totalité, être portée à 333,333 fr. (60,000,000 réis), ainsi distribués:

Personnel (somme approximative).. 83,333 fr. (15,000,000 rs.)
Travaux   »   »   .. 133,333 fr. (24,000,000 rs.)
Machines et appareils (somme approximative)..................... 66,666 fr. (12,000,000 rs.)
Matériel, exploitation et autres dépenses (somme approximative)..... 50,000 fr. (9,000,000 rs.)
                                    333,333 fr. (60,000,000 rs.)

La Section photographique se compose de 46 compartiments distincts et occupe une superficie utile de près de 700 mètres carrés; l'espace consacré aux ateliers est de 370 mètres; le plus grand d'entre eux, c'est-à-dire l'atelier de tirage lithographique, mesure 93 mètres carrés.

Les *services, ateliers, divisions, procédés* et *appareils* les plus remarquables de la Section sont indiqués ci-dessous:

Direction et bibliothèque.—Salle et galerie de spécimens nationaux et étrangers.—Bureau.—Archives.—Dépôt des pierres et des clichés lithographiques sur cuivre et sur zinc, destinés au tirage lithographique.—Composition typographique.—Dépôt des caractères et des clichés typographiques.—Grand appareil photographique fonctionnant à l'air libre.—Serrurerie et montage des gravures typographiques.—Dépôt du papier, des cartons, etc., pour le service des presses à imprimer.—Dépôt des plaques métalliques polies.—Tirage lithographique à bras ou à vapeur. Reports lithographiques.—Satinage des imprimés. —Dressage, grainage et ponçage des pierres.—Machine à vapeur.— Appareil magnéto-électrique de Gramme.—Glaçage du papier à bras ou à vapeur.—Tirage typographique.—Gravure chimique typographique.—Réductions par le caoutchouc. Reports lithographiques sur métal et sur pierre.—Réception et dépôt des résidus photographiques argentico-aurifères.—Réservoir d'eau potable pour le service de la Section.—Dépôt de charbon pour la machine à vapeur.—Laboratoire chimique et fabrication d'eau distillée.—Traitement des résidus photographiques.—Grand appareil photographique de Dallmeyer; atelier vitré et annexes.—Laboratoire spécial isolé pour certaines opérations photographiques.—Tirage des gravures sur cuivre.—Estampage photographique sur métal par le bitume de Judée. Estampage sur pierre, étain ou zinc au moyen de la gélatine bichromatée (procédés photo-lithographiques et photo-typographiques).—Préparation des grands clichés photographiques sur verre. Exposition des surfaces sensibles à la lumière électrique.—Cabinet noir pour la fabrication des clichés sur verre (collodion sec ou humide).—Héliogravure sur cuivre (procédé à la gélatine). Virage, fixation et lavage des épreuves obtenues sur papier sensible; opérations relatives à différents procédés d'estampage photographique.—Vernissage des clichés sur verre.—Nettoyage des plaques et des glaces pour la photographie.—Sensibilisation du papier par les sels d'argent.—Dépôt du matériel pour l'usage journalier.— Dessin.—Magasin et séchage du papier.—Dépôt de bois à brûler et de sable pour le grainage des pierres.

Nous signalerons encore:—les dispositions préventives contre l'incendie; les canalisations du gaz, de l'eau, des résidus liquides inutiles et des résidus photographiques profitables; l'aérage des ateliers; la distribution de l'électricité (éclairage des ateliers, photographie par l'électricité, lumière électrique).

MACHINES, APPAREILS ET AUTRES OBJETS IMPORTANTS

Meubles et ustensiles pour travaux de composition typographique.— Un marbre avec deux plaques en fonte, longueur totale 2^m sur $0^m,78$ de largeur; un coupoir complet à entrelignes, filets et espaces; un rang en fer et en bois, avec 7 cases; un chevalet de dépôt, avec 24 cases.

Grand appareil photographique.—Installé en plein air (terrasse inférieure). Cet appareil comprend:

Une chambre noire, à double soufflet, pouvant servir autant à de grandes qu'à de petites distances focales. Longueur réelle $1^m,80$ sur $0^m,70$ de largeur et $0^m,69$ de hauteur. Verre dépoli carré de $0^m,57$, permettant de fabriquer des clichés de $0^m,50$. Cette chambre est placée sur une table appropriée de $0^m,26$ de longueur, $0^m,77$ de largeur et $1^m,04$ de hauteur, calée avec des vis et disposée de manière à pouvoir fonctionner dans deux positions inverses et symétriques.

Une baraque d'abri, en bois, de $4^m,02$ de longueur, $1^m,67$ de largeur et $2^m,35$ de hauteur moyenne, se manœuvrant sur des rails en fer de $13^m,47$. Cette baraque a deux ouvertures latérales du même côté qui fonctionnent, l'une ou l'autre, toutes les fois que l'on adapte le prisme à l'objectif, dans le but de retourner les images, ainsi que l'exigent quelques procédés spéciaux.

Deux supports verticaux, en bois et en fer, ayant latéralement à peu près la forme d'un T renversé, manœuvrables sur rails de $6^m,87$ pour l'application des dessins ou estampes, pendant l'exposition des glaces sensibilisées. Disposés perpendiculairement à l'axe optique de l'objectif, ils fonctionnent alternativement, suivant la position du soleil et toutes les fois que le retournement des clichés est inutile, ce qui arrive fréquemment.

Un support idem, perpendiculaire aux antérieurs, fonctionnant avec le prisme de Steinheil, dans n'importe laquelle des deux positions possibles de la chambre noire. Il est abrité par une *baraque vitrée*, également mobile sur rails.

Les supports auxquels s'appuient et s'attachent les planches à reproduction qui reçoivent les originaux, dont la dimension maximum peut atteindre $1^m,59$ sur $1^m,20$, se prêtent à deux mouvements, l'un vertical parallèle et l'autre angulaire vertical, obtenus au moyen d'un mécanisme en fer, très simple et solidement vissé au système.

Machines et appareils servant au montage des gravures et à la coupe des plaques métalliques.

Machine à percer, toute en fer. Elle perce les trous au moyen desquels la gravure typographique doit être clouée au socle de bois qui lui sert de base.

Machine à scier le bois.—En fer. Coupe le bois, déjà raboté, de la grandeur de la gravure qui doit lui être adaptée et fixée.

Machine à scier les plaques métalliques.—En bois et fer. Coupe ou découpe les plaques métalliques, avant ou après qu'elles soient gravées.

Serrurerie.—Comprend une forge avec les ustensiles et outils nécessaires aux réparations du matériel des ateliers. Elle est établie seulement pour les travaux de peu d'importance, qui seraient rendus nécessaires par un dérangement quelconque dans les machines de la Section.

Presse à percussion.—De Poirier; pour lisser le papier et fouler les imprimés; en bois et fer. Hauteur, $2^m,22$; base, $1^m,26$ sur $0^m,57$. Colonnes en fonte, séparées de $0^m,79$. Diamètre de la vis, $0^m,08$; diamètre du volant, $0^m,66$.

Presse lithographique à bras, format *grand-monde.*—Pour reports, tirage de gravures sur pierre, etc. Reçoit des pierres de $1^m,28$ sur $0^m,90$. C'est la plus grande des quatre presses à bras qu'il y a dans la Section.

Presse lithographique de Voirin.—Pour le tirage au noir et en couleurs; mue par la vapeur; format *grand-aigle*. La plus grande pierre qu'elle puisse contenir est de $0^m,78$ sur $1^m,12$. Les plus fortes dimensions latérales, $2^m,34$ sur $4^m,32$. Elle peut faire de 300 à 400 tirages par heure.

Régulateur Serrin.—Lumière électrique maintenue sans interruption pendant plus d'une heure; renouvellement ou changement de charbons tous les cinq quarts d'heure.

Machine à dresser, à grainer et à poncer les pierres lithographiques.—En fonte, construite par Pierron et Dehaitre, de Paris. Mue par la vapeur. La plus grande pierre avec laquelle elle peut fonctionner est de $0^m,80$ sur $1^m,10$, avec un maximum d'épaisseur de $0^m,11$. Les plus grandes dimensions latérales, $2^m,61$ sur $1^m,74$; hauteur maximum $1^m,88$.

Machine à vapeur.—Construite à Paris dans les ateliers de Leleu et Clavier; verticale; force de quatre chevaux avec chaudière pour cinq; haute pression avec détente. Hauteur maximum $2^m,52$; diamètre de la chaudière avec revêtement $0^m,87$. Superficie du socle en marbre sur lequel elle est installée, $1^m,45$ sur $1^m,22$. Vitesse normale 100 tours par minute. Feu de bois ou de charbon dont elle dépense, en moyenne, 10 à 12 kilogrammes par heure. Pression maximum employée, 5 atmosphères. Chaudière protégée par une couche isolante particulière. Dépense moyenne, 55 centimes (100 réis) par heure de travail.

Machine magnéto-électrique de Gramme.—Mue par la vapeur. Dimensions latérales $0^m,60$ sur $0^m,75$; hauteur $0^m,64$. Vitesse normale 1:160 tours par minute; brûle par heure à peu près $0^m,22$ de charbon d'une épaisseur de $0^m,007$. Force équivalente à 60 éléments de Bunsen de $0^m,20$. Lumière égale à 200 becs Carcel. Dépense moyenne par heure, 50 centimes (90 réis). Elle est installée sur un bloc de marbre de $0^m,80$ de hauteur. Peut fonctionner pendant plusieurs heures consécutives.

Laminoir à glacer le papier.—Mue à bras ou à la vapeur. En fonte avec deux cylindres et plateaux correspondants. Longueur des premiers $0^m,84$, diamètre $0^m,23$. Longueur de chacun des seconds $0^m,89$. Peut glacer du papier ayant une longueur de $1^m,28$ et une largeur maximum de $0^m,83$.

Presse typographique.—Construite par Voirin, de Paris, dans des conditions expressément appropriées au but auquel elle est destinée. La plus grande surface qu'elle peut imprimer est de $0^m,80$ sur $0^m,55$. Maximum des dimensions latérales, 4 mètres sur $1^m,97$; 400 tirages par heure (en noir). Spécialement construite pour le tirage des gravures, elle peut cependant servir à l'exécution de toutes sortes de tirages, soit en noir, soit en couleur.

Cuves à graver.—(Gravure chimique typographique); en bois et métal, doublées intérieurement de gutta-percha. Dimensions intérieures des deux plus petites, $0^m,96$ sur $0^m,66$; hauteur $0^m,20$. Dimensions de la plus grande, $1^m,25$ sur $0^m,90$; hauteur $0^m,25$. Sont mises en mouvement par la vapeur ou à la main; oscillations de la dernière, 25 par minute; des premières, 35.

Fourneau à chauffer les plaques pendant la gravure.—En fer, métal et briques; de forme rectangulaire; il est recouvert d'une plaque horizontale en fonte, sur laquelle on dépose les plaques en zinc, qu'il est nécessaire de chauffer pendant l'encrage. Il sert aussi à faciliter l'écoulement de l'encre le long des talus, formés par l'action corrosive de l'acide, creusant la surface métallique, qui doit se transformer en gravure. Dimensions: hauteur $0^m,86$, surface utile $0^m,84$ sur $0^m,96$, —Combustible: bois ou charbon.

Pompe mixte, en grès.—Pour eau forte. Cette pompe aspire dans le réservoir compétent cet acide et le distribue aux dépôts, qui alimentent les cuves à graver. Diamètre extérieur du corps de pompe, $0^m,102$; diamètre intérieur, $0^m,041$; hauteur, $0^m,57$.

Presse lithographique de Poirier, pour tirages phototypiques et autres.—Dimensions maximum de la pierre, qu'elle peut contenir, $0^m,53$ sur $0^m,65$.

Appareils de réduction et d'ampliation par le caoutchouc.—Surface utile maximum du grand appareil: $0^m,72$, sur $0^m,93$; idem du petit appareil: $0^m,49$ sur $0^m,38$.

Tonne destinée à recevoir les résidus liquides argentifères.—Placée au premier étage, elle reçoit les résidus photographiques utiles des deux ateliers de fabrication des clichés sur verre au moyen du collodion et des sels d'argent.

L'argent acheté par la Section photographique, depuis sa fondation jusqu'à ce jour, destiné à la préparation des bains ou solutions dont elle a besoin pour ses procédés, ne dépasse pas 4:200 grammes.

Une grande partie de cet argent à été régénérée et de nouveau utilisée, car on a toujours mis à profit les résidus argentifères qui, en vertu de certaines réactions chimiques, se déposent au fond du récipient dont la hauteur est de 1^m,05 et le diamètre moyen de 0^m,73.

Dépôt d'eau potable.—Destiné à subvenir à un manque quelconque d'eau, toujours fort préjudiciable dans un établissement du genre de celui-ci. En bois et fer; soupape à flotteur, robinet à ressort. Dimensions intérieures: hauteur 1^m,44; base 0^m,79 sur 1^m,33.

Alambic en cuivre, complet, disposé pour la distillation continue de l'eau.—Chaudière de trente litres à peu près, installée sur un fourneau en briques.

Bain-marie en cuivre.—Appliqué à la distillation de l'alcool, au chauffage de capsules, ballons, etc. Installée à côté de l'appareil ci-dessus.

Principaux objectifs

	Diamètre apparent de la lentille antérieure
Dallmeyer—*rectiliniaire rapide*............	0^m,093
» —*triplet achromatic*............	0^m,115
» — » »	0^m,068
Steinheil —*aplanetique*.................	0^m,096
» — » *grand angulaire*......	0^m,064
» —*prisme à visser sur le grand angulaire; ouverture*............	0^m,078
Liesegang—*globulaire*...................	0^m,100

Le prisme rectangulaire à hypothénuse argentée, adapté à la lentille antérieure d'un objectif, a pour effet de retourner l'image, ce qui est indispensable soit dans la photolithographie, soit dans la phototypie et dans tous les procédés photographiques aux encres grasses sans report préalable.

Dallmeyer; grand appareil.—Chambre en acajou, ayant 1^m,08 de hauteur, 1^m,08 de largeur et 2^m,70 de longueur, avec un cône à allonger, de 0^m,69 de fond, qui permet d'utiliser une distance focale de plus de 3 mètres. Cet appareil, dont le verre dépoli mesure 0^m,90 de côté, permet d'effectuer des copies très exactes de 0^m,75 sur 0^m,75 au moins.

Installé sur une table spéciale qui lui sert de base, l'appareil porte à sa partie supérieure deux niveaux à bulle d'air, disposés en croix, et sur les côtés, en bas, une règle métallique graduée, servant à déterminer la position exacte du verre dépoli, au moyen d'une aiguille fixée à la partie mobile de la chambre. Le soufflet se compose de trois parties, et il y a dans le châssis qui doit recevoir la plaque collodionnée une coulisse à rideau, en bois, qui supplée avantageusement la coulisse ordinaire, employée dans les appareils de petite dimension. Le corps antérieur de la chambre est fixe, la partie postérieure est mue au moyen d'une vis sans fin munie de sa manivelle.

La table en chêne, sur laquelle repose la chambre ci-dessus, mobile sur des rails en fer de 5^m,87, peut lui communiquer les mouvements suivants: horizontal parallèle à l'axe optique de l'objectif, angulaire vertical et angulaire horizontal.

Un support pour l'application des originaux, se mouvant sur des rails, est joint à l'appareil; ce support est entièrement analogue à ceux qui occupent la terrasse du premier étage et que nous avons indiqués plus haut.

Dallmeyer; petit appareil.—Chambre en acajou, à tiroir, mesurant 0^m,56 de hauteur sur 0^m,55 de largeur et 1^m,13 de profondeur maximum. Dimensions du verre dépoli, 0^m,45 de côté. Cet appareil est muni de deux cônes à allonger et d'un excellent pied en acajou, construit de manière à pouvoir communiquer au plan supérieur divers mouvements, verticaux et angulaires; il peut en outre s'adapter à une espèce de *table*, de forme entièrement semblable à celle, qui appartient au grand appareil.

Presse lithographique pour le tirage des gravures sur cuivre (taille-douce).—En bois et fer, avec deux cylindres. Elle peut tirer des gravures égales en grandeur aux cartes chorographiques, publiées par la Direction générale des travaux géodésiques.

Cisaille à couper le carton.—Jusqu'à la largeur maximum de 0^m,80; installée sur une table appropriée.

Presse à satiner.—En fonte; plaque en acier poli. Longueur du cylindre $0^m,476$; diamètre $0^m,112$. Longueur de la plaque, montée sur bois, $0^m,57$.

Machine à gélatiner.—Spécialement employée dans les procédés d'héliogravure. Elle sert à couvrir les plaques de cuivre d'une couche sensible et parfaitement homogène de gélatine bichromatée. Elle s'applique aussi au procédé analogue, caractérisé par l'emploi du bitume de Judée. Elle se base principalement sur les effets de la force centrifuge et se compose d'un disque en fonte qui peut être mis en mouvement, avec plus ou moins de rapidité, par une manivelle placée extérieurement à la caisse qui le garantit de la poussière. Au-dessus de ce plateau tournant se trouvent quelques becs à gaz, destinés à l'échauffer et à rendre plus facile l'évaporation du liquide sensible répandu sur les plaques confiées à l'appareil.

Diamètre du disque $0^m,75$. Grandeur maximum de la plaque qu'on y peut gélatiner, $0^m,63$ de côté.

Cuves employées dans les travaux photographiques.

Il y en a de verticales et d'horizontales et, dans les deux classes, y il en a en verre, en verre et bois, en porcelaine ou faïence, en guttapercha, en ébonite, en métal et bois et en métal.

Les plus remarquables sont les cuves horizontales en ébonite, dont la base dépasse un mètre carré et les cuves verticales de même substance, qui mesurent $0^m,65$ de hauteur sur $0^m,60$ de largeur.

Châssis à reproduction pour le papier sensibilisé, les plaques en zinc, en cuivre, en étain ou en verre, couvertes de bitume de Judée ou de gélatine bichromatée.

Le plus grand, dont la surface utile est de $0^m,98$ sur $0^m,68$, spécialement destiné aux travaux exécutés avec les lames métalliques sensibilisées, est muni, afin d'établir un contact parfait entre le cliché et la plaque superposée, de 26 ressorts et de 25 vis fixés ou attachés aux barres respectives.

Batterie thermo-électrique de Clamond.—A 100 couples (fer, zinc et antimoine) disposées en 10 séries parallèles. Elle agit étant chauffée au gaz et peut fonctionner pendant un temps indéfini, avec une dépense inférieure à 10 centimes par heure. Hauteur totale $0^m,42$; diamètre $0^m,24$.

CANALISATIONS

La canalisation du gaz, de l'eau et des résidus des différents ateliers est, assurément, l'un des services les plus importants de la Section photographique. Établie à l'aide de grandes dépenses et d'un travail considérable, cette canalisation a produit des résultats qui ont compensé, et au delà, les sacrifices qu'elle a imposés.

On compte dans tout l'établissement plus de 100 robinets pour la distribution soit de l'eau, soit du gaz, 6 conduits d'eau pour les cas d'incendie, environ 20 bassins d'écoulement, 300 mètres de canalisation pour le gaz et à peu près 270 pour l'eau.

Dans le but d'épargner autant que possible le personnel secondaire, il fallut pourvoir toutes les parties du bâtiment de conduits fournissant de l'eau avec promptitude et abondance. C'est pourquoi la Section photographique a dû tirer tout le parti possible de l'ancien couvent, où elle est etablie et dont les vastes dimensions et l'orientation spéciale étaient le seul avantage offert aux besoins de son installation, et sacrifier d'importantes sommes pour disposer convenablement ce local et l'approprier à sa nouvelle destination.

Aux charpentes en ruine, aux murailles mal construites, aux couloirs percés à travers des compartiments créés dans un but bien différent, succéda, après les arrangements et les réparations nécessaires, une canalisation compliquée qui, traversant des voûtes et d'épaisses murailles va, d'une part, s'embrancher à la canalisation de la ville et aboutir, de l'autre, aux chambres destinées à la fabrication des clichés. En outre, des canaux d'épuisement conduisent au réservoir, placé, ad hoc, au premier étage, les résidus argentifères qui, ainsi recueillis, rendent annuellement à l'État quelques centaines de grammes d'argent, qui sans cela seraient perdues. En établissant la canalisation de l'eau potable ainsi que celle de l'eau forte, employée dans les cuves de gravure, la canalisation du gaz d'éclairage et celle du gaz destiné aux différents besoins des ateliers, on a cherché à suppléer à l'emploi d'un personnel nombreux, dont le service serait non-seulement dispendieux et lent, mais encore incompatible avec les exigences du travail et la nature des procédés.

La Section photographique contient quelques ateliers qui, outre les tuyaux de ventilation, les conduits de gaz et d'eau potable, les bassins pour recevoir les résidus, et les fils conducteurs du fluide électrique, possèdent encore une canalisation spéciale d'eau filtrée et une autre d'eau distillée, séparant les résidus inutiles des matières ayant de la valeur.

Il est inutile d'ajouter que le choix des matériaux à employer dans ces différents systèmes de canalisation n'était point indifférent; aussi le fer, le plomb, le grès et l'argile ont-ils contribué plus ou moins, et tour à tour, à l'établissement de cet intéressant service. Lorsqu'il pleut, enfin, l'eau qui tombe sur les toits des ateliers suit différents conduits établis dans les murailles et, après avoir parcouru un système de canaux placés sous le dallage, va se déverser dans le cloître de l'édifice, d'où elle s'écoule dans une citerne qui la conserve pour les besoins publics.

VENTILATION

Les conditions du local et la nature du travail ont exigé un soin tout particulier dans la manière dont la ventilation a été établie.

Nous décrirons, comme exemple, le système adopté dans l'atelier de gravure chimique typographique.

Outre les courants d'air, faciles à établir à l'intérieur de cet atelier au moyen d'ouvertures de grandeur variable pratiquées presque au niveau du sol, outre la forme spéciale des fenêtres, disposées de manière à permettre de renouveler l'air à volonté, indépendamment d'une lucarne qui, tout en donnant du jour, livre à l'atmosphère viciée de l'intérieur une sortie rapide, un système particulier d'aérage a été ménagé dans la zone occupée par les cuves de gravure, ainsi qu'au-dessus du bassin destiné au nettoyage des plaques gravées, opération qui, se faisant à l'aide de la benzine et d'autres liquides volatils, entraînerait à la longue de sérieux dangers pour les ouvriers chargés de ce service, si un fréquent renouvellement d'air ne venait en atténuer les effets nuisibles.

Les cuves de gravure dans lesquelles le zinc, attaqué par l'acide azotique, donne naissance à des vapeurs nitreuses plus ou moins corrosives et malsaines, ont été établies sous une espèce de cheminée, doublée intérieurement de plomb et communiquant avec l'extérieur au moyen d'un conduit spécial surmonté d'un bon ventilateur. Dans les quelques cas où cette ventilation peut être regardée comme insuffisante, des becs à gaz convenablement disposés établissent, à l'aide de la chaleur, un courant ascensionnel qui entraîne loin de l'atelier toutes les émanations délétères.

La cuve de lavage indiquée plus haut possède également une cheminée particulière, au moyen de laquelle on évite la diffusion des vapeurs hydro-carburées résultant de la benzine, de la térébenthine ou de quelque autre produit volatilisable employé au lavage des plaques.

Enfin, dans le but de préserver absolument les personnes et le matériel contre toute exhalaison acide et pernicieuse, on a le soin de laisser toujours à l'air un peu d'ammoniac en solution aqueuse. On arrive ainsi à neutraliser toutes les vapeurs acides répandues dans l'atmosphère de ce curieux atelier qui peut, quoique monté sur une petite échelle, suffire complétement aux besoins qui ont déterminé son installation.

Ce laboratoire, unique en Portugal, diffère de la presque totalité des ateliers analogues, existant à l'étranger, en ce que, à l'encontre de ces derniers, il offrira bientôt, dans des conditions déterminées, une instruction technique spéciale, que le pays ne peut trouver ailleurs et grâce à laquelle s'établira en Portugal une industrie précieuse, intimement associée à la vulgarisation des connaissances scientifiques, parmi les classes pauvres et laborieuses.

DISTRIBUTION DE L'ÉLECTRICITÉ

L'appareil de Gramme, installé au deuxième étage de la Section, dans l'atelier de tirage typographique et près de la machine à vapeur, dont il est séparé par une mince cloison, lance l'électricité vers quatre points distincts:

1.º Cabinet noir situé au deuxième étage de l'établissement, où les surfaces sensibles, le papier sensibilisé, les plaques métalliques couvertes de gélatine bichromatée ou de bitume de Judée, etc., sont exposés à l'action de la lumière électrique.

2.º Galerie affectée au service du grand appareil de Dallmeyer. Dans cette galerie le courant électrique sert à éclairer les originaux dont la reproduction photographique ne peut s'effectuer uniquement à l'aide de la lumière du jour. On peut donc y faire des clichés pendant la nuit.

3.º Atelier de tirage lithographique — entre la table à grainer et la presse Voirin, en face de la fenêtre du laboratoire de chimie. — La lumière électrique, employée à l'éclairage de ce vaste local, brille dans un globe en verre opalin, qui en adoucit l'éclat et le rend supportable à la vue.

4.º Troisième étage; cabinet provisoirement destiné aux dessinateurs; croisée donnant sur la place de l'église de Jésus. On a établi des fils métalliques conduisant l'électricité dans cette partie du bâtiment, afin de pouvoir y effectuer diverses expériences relatives à la lumière fournie par l'appareil de Gramme.

Tout le monde sait parfaitement que l'application de la lumière électrique à la photographie et à l'éclairage public ou particulier ne constitue pas un fait récent. On pourrait cependant affirmer que, sous ce rapport, la Section photographique de la Direction générale des travaux géodésiques est peut-être un des premiers établissements qui ont organisé et installé, d'une manière aussi complète, une série de travaux et de services industriels, exécutés à l'aide de la lumière électrique.

L'éclairage de l'atelier de lithographie, des différents travaux photographiques exécutés par son intermediaire, la reproduction photo-chimique de dessins et d'autres originaux rendue possible pendant la nuit, tels sont les précieux services qui résultent de l'emploi de l'électricité dans le service photographique de Lisbonne.

Le courant est distribué au moyen de câbles en cuivre ayant une longueur totale de 50 mètres, incrustés dans les murs ou les plafonds, parfaitement isolés et mis à l'abri de toute altération. Différents interrupteurs-distributeurs, adaptés aux fils métalliques, viennent compléter le système spécial de la transmission électrique.

Un de ces interrupteurs, le plus important, a été exécuté exprès pour ce service, d'après les indications du chef de la Section.

Les travaux photographiques dans lesquels peut intervenir la lumière électrique, sont:—Tirage des clichés sur papier sensibilisé.—Exposition à la lumière des surfaces chromo-gélatinées, tant dans les procédés photo-lithographiques et héliographiques au moyen du zinc et de l'étain, que dans celui d'héliogravure en taille douce sur cuivre.—Exposition à la lumière du bitume de Judée dans tous les procédés photo-chimiques, ou il est employé comme matière sensible.

Les services rendus par l'appareil de Gramme, pour la première fois employé par l'industrie portugaise, reviennent à un prix fort modéré. Il n'a besoin pour fonctionner que d'être établi près d'une machine à vapeur qui, tout en servant à d'autres usages, peut lui communiquer l'impulsion nécessaire. Dans de semblables conditions, la dépense faite par le moteur ne peut presque être mise à la charge de l'appareil. C'est pourquoi, le puissant courant électrique, dont la Section photographique dispose aujourd'hui et qui équivaut à 200 becs Carcel, ne lui revient pas à plus de 50 centimes (90 réis) par heure; somme tout-à-fait insignifiante en vue des résultats qu'elle permet d'obtenir.

GARANTIES DE SURETÉ

La Section photographique, qui possède une grande quantité de robinets à eau dont 6 pour les cas d'incendie, une pompe portative et différents ateliers, établis sur des terrasses parfaitement isolées pour la plupart, dispose encore d'un réservoir d'une capacité supérieure à 1,500 litres et d'autres dépôts d'une importance secondaire, distribués dans les ateliers.

Ce matériel est disposé de manière à pouvoir fournir des secours immédiats en cas de besoin.

La machine à vapeur est soutenue par des barres de fer, indépendantes de la voûte sur laquelle elle semble s'appuyer.

Le dépôt de charbon, d'une capacité de trois tonnes, peut être instantanément noyé, grâce à un puissant jet d'eau fourni par un robinet facilement accessible.

Le gaz et l'eau, toujours fermés pendant la nuit, ne peuvent causer aucun dommage à l'établissement. Dans diverses chambres, le plancher est recouvert d'une couche d'asphalte, matière qui, quoique combustible, est moins inflammable que le bois et infiniment moins exposée aux détériorations causées par l'humidité, les acides, etc.

Les machines d'un grand poids sont presque toutes installées sur des traverses en fer et isolées de la voûte sur laquelle elles fonctionnent.

Les tuyaux pour l'eau et le gaz ont été, toutes les fois que la nécessité s'en est fait sentir, protégés contre les détériorations probables et établis de manière à ne jamais pouvoir causer un dommage quelconque aux bâtiments voisins, quelque avarie qu'ils puissent eux-mêmes subir. C'est ainsi que certains conduits ont été placés dans des tubes de fer, destinés à rejeter au dehors, en cas d'accident, l'eau qui, sans cette précaution, pourrait inonder les compartiments les plus rapprochés.

Différentes dispositions réglementaires et autres, qu'ils serait superflu de rapporter ici, complètent les mesures de sûreté intérieure. La Section photographique a donc le droit d'affirmer que son voisinage est loin d'offrir des dangers, et qu'elle peut même, en cas d'incendie dans les bâtiments contigus, leur fournir les secours les plus rapides et les plus efficaces.

Procédés

Les travaux exécutés par le Service photographique du gouvernement portugais peuvent être indiqués au moyen de la classification suivante:

Procédés photographiques

AUX SELS D'ARGENT sur...	glace...	au collodion.. { sec ou humide }	Clichés.. { négatifs ou positifs }	
	papier.. { salé albuminé			
AUX SELS DE FER........	papier au ferro-prussiate			
À LA GÉLATINE BICHROMATÉE sur..........	étain..... { Procédé photo-lithographique ou photo-typographique indirect (par report)			
	zinc..... { mince..... { Mêmes procédés que ci-dessus. Photozincographie			
		épais..... { Gravure photo-typographique directe		
	cuivre.... { Héliogravure en taille douce			
	pierre.... { Photo-lithographie; procédé direct			
	glace			
AU BITUME DE JUDÉE sur.	zinc..... { épais..... mince.... } Mêmes procédés que ci-dessus			
	cuivre.............			

Réductions par le caoutchouc. — Typo-autographie.
Tirage aux encres grasses

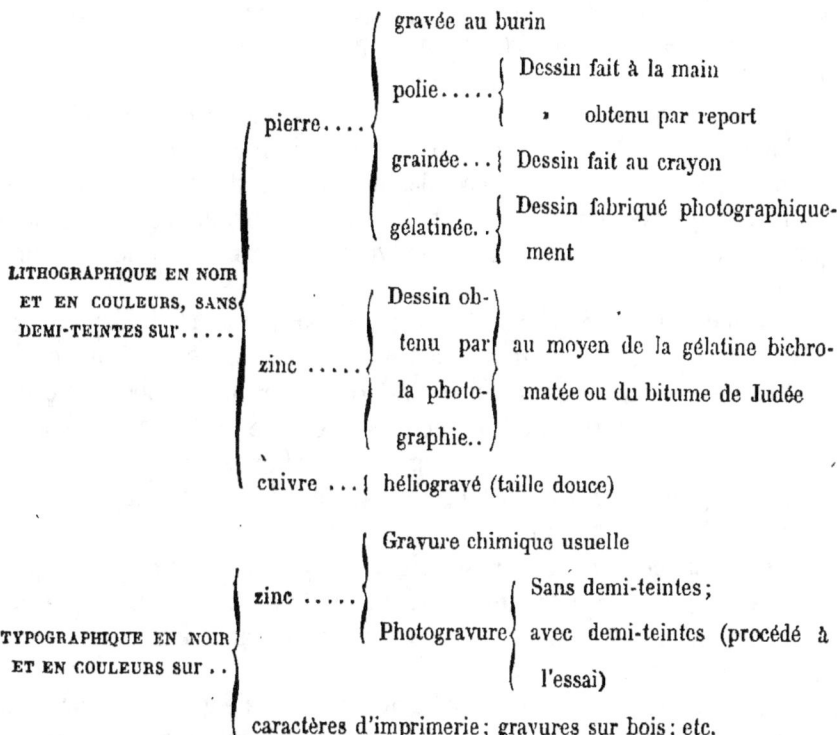

Fabrication des clichés photographiques sur glace

Une fois de plus j'ai pu constater que la simplicité dans les procédés est, presque toujours, la condition première de leur existence industrielle. Les formules de collodion, de bains de développement et de bains de renforcement abondent; les recettes qui ont trait au virage des épreuves, à leur vernissage, etc., sont aussi nombreuses que variées, et cependant il en est peu qui, dans la pratique journalière d'un grand établissement, puissent être regardées comme utiles et efficaces, surtout si l'on veut accomplir, dans un espace de temps déterminé, un travail fixé d'avance et soumis à des règles spéciales.

Il faut que dans les reproductions de dessins, sans véritables demi-teintes, il y ait un entier contraste entre le fond opaque du cliché et les clairs de ce même cliché, qui doivent offrir la plus grande transparence. Or il n'est pas facile de trouver des opérateurs qui atteignent complétement ce résultat et, néanmoins, l'importance de ces premiers éléments des travaux photo-lithographiques ou héliographiques est telle que, sans une entière perfection, on ne peut rien obtenir de cette sorte de clichés.

Les manières d'opérer varient à l'infini; chacun croit posséder la meilleure méthode et, le plus souvent, la routine, le manque de critérium scientifique donnent lieu à des mécomptes, d'autant plus difficiles à prévoir, qu'ils sont produits par des raisonnements que l'on ne peut presque combattre, à cause bien souvent de l'opiniatreté des ouvriers eux-mêmes.

Pendant les quelques mois que j'ai consacrés à l'étude expérimentale de la photographie et pendant lesquels je me suis vu obligé de mettre à l'essai un grand nombre de formules et de procédés, en cherchant celui qui conviendrait le mieux au but que je désirais atteindre, j'ai pu me convaincre que le système, aujourd'hui employé par la Section photographique est, de tous ceux dont j'ai connaissance, le plus simple et le plus économique.

Ce système s'applique aussi bien aux grandes qu'aux petites plaques et, joignant la propreté à une manipulation commode, il permet au plus modeste des opérateurs d'exécuter, après quelques semaines d'apprentissage, un excellent travail.

Sans entrer dans des détails qui ne sauraient trouver ici leur place, je donnerai un léger aperçu du procédé que nous employons.

Je commencerai par le nettoyage des plaques. Deux solutions suffisamment diluées sont nécessaires; l'une de soude caustique, l'autre d'acide sulfurique et de bichromate de potasse. La première sert à faire disparaître les substances grasses ou résineuses, la seconde à détruire ou à détacher les matières organiques ou autres qui adhèrent à la surface du verre. La plaque étant bien lavée, puis séchée avec un linge choisi et mis en réserve pour ce service, il est rare qu'il soit nécessaire d'avoir recours à d'autres moyens pour qu'elle se trouve en état de recevoir les préparations ultérieures qui doivent la transformer en un bon cliché. En tous cas, un peu de craie lévigée et de l'alcool seront plus que suffisants pour en détacher les dernières traces d'impuretés nuisibles.

Le collodion employé par la Section photographique est préparé chaque fois en forte quantité (10 à 15 litres). Convenablement gardé il peut se conserver pendant plusieurs mois sans s'altérer, avantage qui est dû à la prépondérance de l'iodure de cadmium ainsi qu'à la proportion et à la qualité des éléments qui le composent. Destiné à produire des contrastes bien tranchés, indispensables dans les clichés dont nous nous servons habituellement, ce collodion n'est pas, par cela même, très avantageux dans les travaux exigeant la copie exacte des demi-teintes naturelles.

Le bain d'argent doit être convenablement acidulé au moyen de l'acide azotique. Pour les plaques de grande dimension on se sert de cuvettes à recouvrement en ébonite.

Après avoir reçu l'impression de la lumière dans l'appareil photographique et avoir été traitée en une seule fois (le suffisant pour en mouiller uniformément la surface) par le developpateur composé d'eau, d'acide acétique et d'acide pyrogallique, la plaque est mise de niveau sur un triangle mobile, assujetti par trois vis et recouvert de bois à sa partie supérieure. On verse alors sur le cliché une nouvelle solution d'acide pyrogallique, additionné de quelques gouttes de nitrate d'argent à 4 pour cent, que l'on y laissera jusqu'à ce que l'image se manifeste completement. On a soin de faire courir le liquide à la surface de la plaque au moyen de légères oscillations, pour que l'épreuve ait partout la même intensité.

La plaque étant lavée sur le triangle même, on fixe l'image avec une solution concentrée d'hyposulfite de soude puis, après un nouveau lavage, aussi parfait que possible, on procède au renforcement à l'aide d'une solution concentrée de bichlorure de mercure que l'on laisse agir jusqu'au complet blanchiment de la couche. Un autre lavage, suivi de l'emploi d'une solution très diluée de cyanure de potassium qui noircit la plaque, donnera enfin, si la pellicule de collodion sensibilisé a été exposée à la lumière *pendant un temps convenable*, un cliché spécial dans lequel les parties claires seront parfaitement transparentes et les parties teintées complètement opaques. Ce résultat a lieu, bien entendu, si l'original offre des contrastes du même genre, fussent-ils moins prononcés.

Dans beaucoup de cas on peut remplacer le dernier renforcement au cyanure de potassium qui noircit l'image blanchie par le liquide mercuriel, par l'acide sulphydrique en solution aqueuse qui produit le même effet. Néanmoins cette dernière solution a une grande tendance à voiler les clairs de l'épreuve et demande, pour donner de bons résultats, à être employée par un opérateur habile et intelligent. Le cliché, après avoir été modifié par le cyanure de potassium, permet encore, moyennant un nouveau lavage, un renforcement supplémentaire par le révélateur à l'acide pyrogallique mélangé de quelques gouttes de nitrate d'argent dilué et d'un peu d'acide acétique.

La pose et l'assujettissement de la plaque, pendant les opérations que je viens d'indiquer, sur le triangle nivelateur, évitent de grandes fatigues au photographe et une grande dépense de réactifs, résultat qui mérite d'être pris en considération, surtout lorsqu'il faut habituellement se servir de plaques d'un grand format.

Le vernis à l'aide duquel, après le séchage, on protège la surface du cliché, est préparé d'après une formule spéciale qui donne de très bons résultats.

Tel est sommairement le procédé suivi avec le collodion humide. Le collodion sec qui rend d'excellents services, surtout dans la préparation des clichés positifs, destinés aux procédés d'héliogravure en taille-douce, est caractérisé par l'emploi du tannin et des révélateurs acides.

Toutes les fois qu'on peut le faire sans inconvénient, soit avant soit après le tirage, la pellicule de collodion est séparée de la glace au moyen de la gélatine glycerinée et conservée entre des feuilles de carton très lisse.

Procédé au collodion humide pour la reproduction d'imprimés, de dessins à la plume, de manuscrits, etc.

Formules diverses

Préparation du coton-poudre photographique :

Acide sulfurique à 66°...............	500 grammes
Acide azotique, densité 1,4..........	250 »
Coton bien sec, lavé préalablement dans une solution de soude caustique très diluée............................	20 »
Température du bain-marie..........	60° centigrades
Immersion.......................	7 minutes

Collodion pouvant servir au besoin pour les reproductions avec demi-teintes :

>   Alcool à 40° Cartier (95 cent.ᵃᵘˣ) ...... 500 centimètres cubes
>   Ether à 65 500   »
>   Coton-poudre .... 11 grammes

>   Iodure de cadmium................ 6 grammes
>   »   d'ammonium................ 5   »
>   Bromure d'ammonium.............. 2   »

Développateur :

>   (A) Eau distillée.................... 1 litre
>   Acide acétique crystallisable....... 20 grammes
>   (B) Acide pyrogallique............... 100   »
>   Alcool à 98° le nécessaire pour compléter un litre

Liquide employé :

(A) 1 litre + (B) 50 centimètres cubes.

Fixateur :

Solution saturée d'hyposulfite de soude (réaction très alcaline au moyen de l'addition de quelques gouttes d'ammoniac). Repos pendant quelques jours avant de servir.

Vernis pour les clichés (très dur et très résistant à la chaleur) appliqué à chaud :

>   Alcool à 95 cent.ᵃᵘˣ .... 4 litres
>   Gomme laque jaune................ 360 grammes
>   Essence de lavande................ 100   »
>   Térébenthine..................... 80   »

Vernis pour les clichés, fait avec du coton poudre très soluble dans l'alcool (collodion aux deux tiers d'alcool) :

Alcool à 90° cent.^{aux}	6 litres
Gomme élémi	80 grammes
Benjoin	240 »
Gomme laque jaune	240 »
» » blanche	120 »
Térébenthine	160 »

Clichés positifs pour héliogravure directement faits par le dessinateur

Ce procédé, qui est d'une grande simplicité, peut, dans un grand nombre de cas, éviter l'intervention des clichés photographiques. Tel qu'il est décrit, il permet à un dessinateur quelconque, même dans des conditions fort modestes d'installation, d'obtenir une gravure très réussie.

Sur un verre dépoli, dont on aura frotté légèrement la surface avec un morceau de linge et de la poudre de sandaraque, et dont on devra ensuite enlever soigneusement tout excès de résine, on tracera, avec une plume appropriée à cet usage, le dessin destiné à la gravure. On emploie pour ce travail de l'encre de Chine délayée dans de l'eau à laquelle on ajoute une petite quantité de sucre et de glycérine. Ces ingrédients ont pour résultat d'empêcher l'encre de sécher complétement en la laissant un peu humide et visqueuse. Si dans ces conditions on fait tomber sur le dessin, aussi sec que possible, de la plombagine en poudre très fine que l'on fait adhérer à l'encre aux moyen de frictions légères pratiquées avec du coton, le dessin noircira tellement qu'il deviendra complétement opaque et pourra soutenir pour les contrastes toute comparaison avec le cliché le plus réussi.

Pour que ce dessin, ainsi transformé, soit à l'abri de l'humidité et offre de la consistance, il suffira de le protéger au moyen d'un vernis photographique qui, tout en le mettant à l'abri d'une altération quelconque, donnera à la glace une plus grande transparence et rendra ainsi beaucoup plus facile l'exécution du travail ultérieur.

Le cliché, ainsi exécuté, sera placé, sur une plaque de cuivre enduite de gélatine bichromatée ou de bitume de Judée, et exposée à la lumière. On pourra ensuite exécuter la gravure par un des moyens indiqués dans cette notice.

Il est bon d'ajouter, à titre de détail utile, que le cliché positif ainsi fabriqué peut très facilement être transformé en un cliché négatif, au moyen des procédés usités pour cette sorte de transformations.

Moyen de remplacer les négatifs usuels dans quelques travaux de photolithographie et d'héliogravure, par d'autres suffisamment réussis et d'une exécution facile

Sur la surface bien nettoyée d'une glace on applique la couche suivante :

Gélatine........ 8 à 10 grammes
Eau ordinaire... 100 »
Carbonate de plomb, très pur — quantité suffisante à former une espèce de pâte.

Le carbonate doit être en poudre excessivement fine, sans aucune sorte de granulations.

On passe le tout à la molette pendant quelques minutes.

L'encre est appliquée immédiatement au pinceau et de manière à ce que la couche soit bien égale, mince et aussi unie que possible ; elle ne doit pas présenter des parties transparentes ou trop translucides. Ainsi enduite, la plaque est séchée à l'air ou à une chaleur douce.

Pour dessiner alors sur la glace, on placera dessous un papier bien noir puis, avec un burin approprié, on gravera le dessin sur la face préparée.

L'artiste pourra, s'il le veut, ébaucher d'abord le sujet à exécuter ou le reporter sur la couche en employant du papier revêtu de plombagine, de sanguine, etc. ; quant aux retouches, il peut les faire avec un pinceau et un peu de blanc.

Une fois le dessin terminé, et la plaque débarrassée de la poussière produite par le burin on la traite par une solution aqueuse d'acide sulphydrique qui, transformant le carbonate blanc en sulfure de plomb d'un noir intense, changera la céruse en une substance, dans ces conditions, imperméable à la lumière, tandis que le dessin se verra mieux eu égard à la complète transparence du verre.

La gélatine étant insoluble dans l'eau froide, empêche la détérioration du composé plombique et permet des retouches que l'on peut faire également après le vernissage.

Après la sulfuration de la couche, on sèche la plaque à une chaleur douce et pas assez forte pour faire fondre la gélatine humide, puis on la vernit comme une épreuve négative quelconque.

Nous devons faire remarquer que le cliché est retourné, qualité nécessaire à son emploi dans le procédé direct de photogravure typographique et autres, employés par la Section Photographique.

Si on emploie, par exemple, diverses épreuves négatives avec des dessins géométriques différents, faits à la main ou à la machine, ces dessins pourront être superposés sur une même plaque destinée à la photogravure, au moyen de successives expositions à la lumière et donneront ainsi lieu à des combinaisons extrêmement variées et difficiles à déchiffrer, qui peuvent trouver une application fort importante dans la fabrication des effets de commerce et autres.

Procédé photolithographique direct

Le général Folque, ancien directeur général des travaux géodésiques et l'un des hommes qui ont rendu le plus de services au Portugal m'ayant invité, en février 1872, à étudier l'application de la lithographie et de la gravure photographique à la publication des cartes, je commençai par essayer le revêtement de la pierre lithographique *parfaitement plane* par une couche extrêmement mince de gélatine bichromatée, de manière que le mélange restât, pour ainsi dire, presque exclusivement contenu dans les pores de la pierre. L'application immédiate d'un *cliché* retourné, l'exposition au soleil pendant cinq ou dix minutes, l'encrage à l'encre grasse, suivi du développement de l'image au moyen du frottement avec une éponge et de la gomme d'amidon diluée, telles étaient les phases principales du procédé.

J'eus le bonheur d'obtenir des résultats assez satisfaisants pour que le Ministre des Travaux Publics, qui était alors S. Ex.^{ce} M. le Conseiller Antonio Cardoso Avelino, résolût de créer une section spéciale dans la Direction Générale des Travaux Géodésiques, section chargée de tout le service photographique, ayant trait aux publications entreprises dans cette Direction. Cependant, les difficultés pratiques du susdit procédé sur une plus grande échelle devinrent telles, que je me suis vu forcé de le mettre de côté, du moins temporairement.

A la nécessité absolue de rendre parfaitement plane la surface de la pierre lithographique, opération pour laquelle je ne disposais pas d'un personnel suffisant, venait se joindre l'embarras de manier des masses si lourdes et d'une si grande dimension. L'insolation de la pierre sous le cliché, était encore une opération d'autant plus ennuyeuse et fatigante que la lumière devant la frapper perpendiculairement, pour éviter les déformations, il était indispensable de modifier incessamment la position de la surface sensible.

La superposition du cliché à la pierre contribuait singulièrement à le détériorer. Le retournement de l'image devait s'effectuer soit par le décollement de la pellicule, soit au moyen du collodion sec sur la face postérieure du verre, soit enfin à l'aide d'un prisme spécial, placé à la partie antérieure de l'objectif et dont l'hypothénuse devait former un angle de 45 degrés avec l'axe optique de cet objectif. Ce dernier système a l'inconvénient de retarder la formation de l'image sur la plaque collodionnée.

Le cliché étant ajusté sur la pierre, on l'oriente normalement aux rayons du soleil, au moyen d'une équerre et d'un appareil convenable.

Il faut remarquer que, sauf le cas très rare d'une surface parfaitement plane, tant de la pierre que du cliché, je n'ai jamais pu obtenir que des résultats très imparfaits en ayant exclusivement recours à la lumière diffuse. Cela était dû non-seulement à la pénombre qui continue et grossit les parties éclairées, devenant par la suite la cause d'empâtements ou d'irrégularités dans le dessin, mais encore à la lumière oblique qui nuit énormément à la netteté des images.

Si l'exposition aux rayons directs du soleil n'évitait pas ces phénomènes et ces accidents de lumière, comme cependant les parties le plus fortement éclairées et dont les contours étaient nettement marqués par lui devenaient très vite insolubles, l'action beaucoup plus faible de la lumière diffuse et, plus tard, le frottement de l'éponge, la viscosité et l'adhérence de la gomme d'amidon limitaient le dessin, comme s'il n'avait pas été exposé à d'autre influence que celle du soleil normal.

Une condition essentielle pour que l'image soit bien attachée à la pierre, c'est le peu d'épaisseur de la couche sensible. De cette façon seulement on peut obtenir une adhérence complète, accompagnée de l'absence de relief, indispensable à la pureté des reproductions photolithographiques.

Il est inutile d'ajouter que le tirage des épreuves, fait aux encres grasses, beaucoup plus délicat que le tirage lithographique habituel, attendu que ce n'est pas la pierre qui retient l'encre mais bien la couche de gélatine insoluble qui en recouvre la surface, exige l'intervention d'ouvriers habiles au maniement du rouleau lithographique.

Toutes ces difficultés, inhérentes à la nature de ce procédé, cependant plus facile que bien d'autres, et surtout celles qui résultaient de l'emploi de pierres si volumineuses et si lourdes, m'ont obligé d'avoir recours à d'autres moyens qui, sans détruire en rien l'exactitude nécessaire, fissent disparaître la plupart des inconvénients indiqués plus haut.

Je me mis donc à étudier la substitution des pierres par des plaques métalliques très minces. J'ai donné la préférence au zinc pour mes premiers essais, attendu que ce métal, outre qu'il est d'un prix très modique, est suffisamment dur et consistant pour ne subir aucune déformation sous l'influence des presses lithographiques ou typographiques, au moment du tirage. Sans doute le problème n'était pas nouveau et avait été déjà résolu de bien des manières, néanmoins, par ce fait d'éviter autant que possible les reports, très usités dans les procédés de ce genre, il restreignait singulièrement le cadre de mes recherches.

Tout le monde connaît la facilité avec laquelle on obtient, sur du papier chromo-gélatiné, la copie d'une image préalablement reproduite par la photographie sur une glace sensibilisée; on sait également quelle tendance possède la gélatine, insolubilisée par la lumière, à recevoir et à fixer les matières grasses: si donc le problème n'eût consisté qu'à obtenir le *fac-simile* à peu près exact, sur papier, à une même échelle ou à une échelle différente, d'un dessin pouvant être reporté sur pierre ou sur métal, depuis longtemps il serait résolu.

Bannir des manipulations le papier, surtout quand il est mouillé ou humide, et le remplacer par une substance relativement inextensible, tel devait être le programme de mes recherches, le seul acceptable en vue du but que je me proposais.

De ce que je viens de dire il ne faut point cependant inférer que le papier ne se prête pas, dans des procédés spéciaux, à une très grande exactitude; je citerai par exemple le procédé à la gomme de M. Toovey, mis par moi à l'essai. Craignant toutefois, en vue des épreuves obtenues, que le dessin, dans les grandes reproductions, ne fût pas toujours aussi soigné qu'il devait l'être, je le mis de côté, le réservant pour une nouvelle et plus complète étude, sitôt que cela me serait possible.

J'ai donc remplacé la pierre lithographique par l'étain ou par le zinc en feuille mince.

Je dois néanmoins faire remarquer que la Section photographique se trouvant aujourd'hui en possession d'une excellente machine à dresser les pierres et pouvant en outre se servir de la lumière électrique, je regarde les obstacles primitivement rencontrés par moi comme aplanis en grande partie. Je me propose même de commencer à ce sujet de nouvelles recherches dès que j'en trouverai l'occasion.

Photolithographie.—Procédé basé sur l'emploi de feuilles d'étain d'une très faible épaisseur

La première condition à observer, quand on veut faire le report d'une épreuve aux encres grasses sur une matière quelconque, destinée à servir de planche à imprimer, est la parfaite juxtaposition des deux surfaces mises en contact.

Le papier, si avantageux dans la plupart des opérations de ce genre, est malheureusement peu commode dans les travaux d'une très grande précision, à cause de la facilité avec laquelle il se déforme, surtout s'il est exposé à l'humidité.

Par contre, l'étain et le zinc en plaques très minces, tous deux imperméables et inextensibles dans les conditions spéciales où ils sont employés, peuvent s'adapter très exactement au négatif sur glace qui doit imprimer sur leur surface le dessin qui sera, plus tard, reporté par leur intermédiaire soit sur pierre soit sur plaque métallique.

Que l'on emploie l'étain ou que l'on ait recours au zinc, ces métaux seront toujours recouverts d'une préparation sensible qui, placée sous l'épreuve négative, donnera lieu, par l'action de la lumière, à une image que l'encre grasse développera tout-à-fait lorsqu'on passera dessus le rouleau lithographique.

Avec le zinc on ne pourra pas faire de reports directs sur pierre; il faut d'abord tirer une épreuve sur papier de Chine, par exemple, qu'on reportera ensuite soit sur pierre, soit sur zinc plus épais si, au lieu d'une photholithographie, on veut faire une photogravure. Le zinc cependant, si on n'évite pas l'emploi du papier, ne peut servir que dans des travaux qui n'exigent pas une rigueur extrême.

L'épreuve une fois obtenue sur l'étain, sera reportée directement de ce métal sur pierre; on obtiendra ainsi la copie photolithographique, très réussie (sans demi-teintes) de l'original à reproduire.

L'étain très mince pourrait même, sous le point de vue de la précision, remplacer avec avantage le papier de Chine dans tous les reports lithographiques.

Le procédé qui vient d'être indiqué est peut-être le seul qui puisse servir dans la photolithographie géographique, quelles que soient les dimensions du travail entrepris.

Dans les cas de grandeur extra, la gélatine bichromatée est, comme matière sensible, préférable au bitume de Judée.

Dans les reproductions de cartes géographiques et d'autres dessins analogues, les reports, il ne faut pas l'oublier, doivent être toujours faits avec l'étain qui évite l'emploi du papier beaucoup trop variable dans ses dimensions.

Une des premières questions dont on s'est occupé, aussitôt après l'installation des ateliers de la Section artistique, a été de résoudre, aussi complètement que possible, le problème des reports lithographiques. En effet, une grande partie des travaux à la charge du service photographique de Lisbonne pouvait être exécutée par ce moyen.

Le report, ordinairement exécuté à l'aide de feuilles de papier spécial, présente des inconvénients qui résultent des dilatations et des retraits de cette substance fort hygrométrique, du grain du papier qui augmente sous l'action de l'eau et, enfin, de l'écrasement du trait, dû à la pression nécessaire au report.

On a pensé que l'emploi de plaques en zinc, minces et polies, permettrait de remédier aux deux premiers inconvénients. Une communication a même été faite à ce sujet, à la Société française de photographie. Cependant, si l'on était parvenu, par ce moyen, à se débarrasser de la rugosité du papier et des déformations auxquelles il donne lieu, il fallait encore obtenir un contact parfait entre les surfaces juxtaposées et éviter l'empâtement de l'épreuve. Les feuilles d'étain, aussi minces que le permettaient les manipulations, furent alors employées. Tout en conservant les avantages déjà acquis, l'adaptation au cliché était complète et, au moment du report, l'étain, qui est extrêmement flexible, se moulait sur l'encre de l'épreuve en la préservant de toute déformation.

L'étain employé n'a pas une épaisseur supérieure à celle du papier *mince;* le plus délié est le meilleur, pourvu que le laminage, porté à l'extrême, ne le perce pas de trous ou ne le rende si mince qu'il devienne difficile de le manier.

Les raisons indiquées plus haut montrent la nécessité de faibles épaisseurs, pour que la finesse et la netteté des reports soient suffisamment assurées.

La feuille d'étain est satinée d'abord avec une faible pression sur une pierre lithographique, qui ne doit pas être parfaitement polie, mais très finement grainée et presque pas poncée; une forte pression enlève la flexibilité au métal et fait qu'il se déchire facilement; une pierre trop polie affaiblit l'adhérence entre l'étain et la couche sensible; finalement une pierre trop rugueuse altère la finesse du dessin et donne lieu à ce qu'il se produise des taches sous l'action du rouleau encreur.

La feuille satinée doit être parfaitement nettoyée et mise sur une surface lisse et résistante; on se sert pour cela d'une plaque en zinc plané, semblable à celles que l'on emploie dans la gravure. On en mouille la surface avec de l'eau et on applique dessous l'étain en évitant les plis. S'il s'en forme, on soulève la feuille et, en la laissant retomber avec précaution on les fait disparaître. Si, par hasard, il est impossible de les éviter, on les effacera autant que possible en les comprimant contre la surface placée au dessous, et on complétera le lissage de l'étain au moyen d'un léger frottement avec un tampon mouillé, bien souple et bien lisse.

Si la surface de la feuille métallique semble propre, il suffira de la frotter légèrement avec un morceau de linge, imbibé d'une solution de potasse ou de soude, à dix pour cent. Lorsqu'il sera nécessaire d'avoir recours à des moyens plus énergiques, on ajoutera à la solution alcaline un peu de craie bien lévigée. On lave ensuite jusqu'à complète disparition de toute trace du liquide caustique et, avec un pinceau plat et souple, on étend sur le métal la couche sensible.

Le liquide sensibilisateur se compose de

    Gélatine de bonne qualité.... 40 grammes
    Eau...................... 500 »

On fait au bain-marie la dissolution de la gélatine; d'un autre côté on pèse

    Bichromate d'ammoniac...... 20 grammes
    Eau...................... 500 »

On dissout à l'aide de la chaleur puis, quand les deux solutions sont tièdes, on les mélange et on les filtre aussitôt à travers une flanelle double ou une éponge bien propre.

La meilleure gélatine est celle qui se coagule à la température de 35° c., à peu près, sans que pour cela elle puisse être considérée très difficilement soluble.

Le mélange, étendu au pinceau, en ayant soin de placer la feuille d'étain sur une plaque en zinc bien droite, doit se présenter sous la forme d'une couche parfaitement homogène que l'on égalise aussi complétement que possible.

La surface métallique doit présenter une teinte ambrée et ne pas avoir de stries ou d'interruptions. Si l'on place la feuille verticalement, la solution ne doit point couler ni abandonner la plaque par places en formant des espèces de trous dans la couche, ce qui est le résultat d'un nettoyage incomplet.

Tant que la gélatine bichromatée se conserve à l'état liquide, on peut travailler à la lumière du jour; une fois coagulée, toutes les manipulations doivent se faire dans un cabinet éclairé par des vitres de couleur jaune ou orange.

Il faut que la dessication de la couche sensible s'opère avec rapidité, afin d'éviter les différences d'épaisseur et la cristallisation du composé chromique, cristallisation bien plus difficile si on emploie le sel d'ammoniac. Pour y arriver on chauffe la plaque de zinc soit au moyen du gaz, soit dans une étuve, en ayant soin de la tenir ou de la placer bien horizontalement. Quand la surface gélatinée de l'étain est sèche, on sépare la feuille de la plaque support, en la renversant sur une feuille de gros carton que l'on chauffe doucement jusqu'à complète évaporation de l'eau qui établit l'adhérence entre les deux métaux. On peut, dès lors, procéder à l'opération immédiate, qui est celle de l'exposition à la lumière.

On peut même, avec avantage, employer, pour la préparation de la couche, le plateau tournant décrit page 17 sous le nom de machine à gélatiner. On verse d'abord la solution sur le métal, en commençant par le milieu de la feuille et en se servant d'une baguette en verre pour la distribuer sur toute la surface métallique. Cette manière de sensibiliser est très bonne et permet de régler l'épaisseur de la gélatine d'après la vitesse avec laquelle on fait tourner le plateau. Dans ces conditions il vaut mieux employer la gélatine à 8 pour 100, avec 3 de bichromate pour la même quantité d'eau.

Quoique la face sensible puisse se conserver sans altération pendant deux ou trois jours, il est préférable de l'impressionner le jour même où elle a été préparée.

Un châssis-presse ordinaire pour épreuves sur papier est plus que suffisant. On étend la lame d'étain sur le négatif et on passe dessus un rouleau doublé de flanelle, afin de satiner le métal et de l'appliquer très exactement contre le cliché. Le contact est assuré, comme d'habitude, à l'aide de coussins en papier ou en feutre.

On doit préférer l'exposition directe et normale au soleil, pendant cinq à douze minutes. A la lumière diffuse le temps sera au moins trois fois plus long. Si le fond du cliché est opaque, l'exposition peut être prolongée sans inconvénient, ce qui n'arrive pas si les noirs de l'image négative sont un peu transparents. Dans ce cas il est difficile d'obtenir au soleil de bonnes épreuves et il est préférable d'exposer à la lumière diffuse.

L'encrage de la gélatine après l'insolation peut être remis au lendemain; il vaut mieux cependant y procéder tout de suite.

Pour encrer l'épreuve on commence par plonger la feuille d'étain dans de l'eau froide, l'image en dessus. Peu d'instants après on l'applique encore mouillée et avec précaution sur une pierre bien plane, destinée à soutenir et à retenir la feuille métallique pendant le passage du rouleau. On lisse l'étain avec un cylindre de bois recouvert de flanelle qui, du même coup, chasse l'eau qui se trouverait en trop grande quantité soit sur la feuille soit dessous.

L'encrage est fait ensuite avec un rouleau d'imprimeur lithographe, couvert d'un mélange de deux parties d'encre de report et d'une partie d'encre d'impression. Cette composition peut varier dans de certaines limites, d'après les conditions du travail, la température, etc. L'encre ne doit pas avoir trop de vernis afin de ne pas être trop liquide. Cette phase du procédé exige des soins; la perfection de ses résultats sera proportionnelle à l'habileté de l'ouvrier. Le rouleau doit être très bien fait, un peu souple et non surchargé d'encre que l'on renouvellera souvent et que l'on distribuera dessus le mieux possible.

Pendant l'encrage divers accidents peuvent se produire. Si l'encrage est difficile, cela peut résulter soit d'un excès d'eau, soit d'une trop courte exposition à la lumière. On remédie à ce dernier inconvénient en se servant d'une encre plus grasse ou plus liquide; il est cependant préférable de recommencer.

Si l'étain se trouve taché dans les intervalles du dessin, on étendra dessus une couche très légère de gomme d'amidon diluée, ou une solution encore plus faible de gomme d'Arabie, et on frottera ensuite les taches avec une éponge bien souple. Si les impuretés ne disparaissent pas au contact du rouleau ou de l'éponge, les places tachées seront frottées avec de la gomme et un peu de flanelle; on affaiblira ainsi l'affinité de l'encre pour la surface; il peut arriver seulement que le dessin n'ait plus une vigueur suffisante.

Si l'exposition a été trop prolongée, l'étain s'encrera vite et se salira d'une espèce de voile; on peut en nettoyer la surface, préalablement mouillée avec de l'essence de térébenthine, puis l'encrer de nouveau en couvrant le métal d'un peu d'eau additionnée de gomme arabique. Avec des soins on peut souvent obtenir de cette manière un résultat satisfaisant.

Une couche épaisse de chromo-gélatine se soulève et se déchire facilement sous l'action du rouleau encreur; une couche trop mince se voile fréquemment pendant l'encrage.

Une fois l'image convenablement encrée, on lave la surface de l'étain avec de l'eau et on la laisse sécher pendant environ deux heures, après lesquelles on l'encrera de nouveau. On lavera encore et parfaitement l'épreuve que l'on essuiera autant que possible. On détache ensuite la feuille de la pierre sur laquelle elle a été placée et on la suspend jusqu'à ce qu'elle soit entièrement sèche.

Lorsque la feuille est tout-à-fait sèche, on procède au report du dessin, d'après la méthode ordinaire; cette opération qui exige des soins particuliers, appartient à la lithographie usuelle.

Photozincographie

On prépare d'abord un cliché négatif *retourné*. On l'applique ensuite sur une feuille de zinc bien plane et suffisamment mince, préalablement revêtue d'une couche très faible de gélatine bichromatée, puis on expose le tout au soleil dans un châssis-presse ordinaire, pendant un temps convenable et de manière à ce que la lumière, en traversant les transparences du cliché, modifie la couche sensible qui se trouve en dessous.

La plaque, transportée dans le cabinet noir, est encrée à l'encre grasse avec un rouleau lithographique et plongée ensuite dans de l'eau tiède, remplacée plus tard par une solution spéciale ayant pour but d'empêcher le salissement de l'épreuve pendant l'encrage. La plaque ainsi préparée pourra fournir, dans la presse lithographique ou typographique, plusieurs douzaines d'épreuves, toutes pareilles et absolument inaltérables.

Préparation des plaques en zinc: — Les plaques en zinc doivent être minces (la qualité portant dans le commerce le numéro 5 est fort convenable) très planes et très finement grainées au moyen de la pierre ponce en poudre. Préalablement nettoyées avec une solution de potasse ou de soude, elles seront enduites d'une couche liquide composée comme suit:

```
Gélatine .................   3 grammes
Bichromate d'ammoniac........   1   »
Eau..........................  100   »
```

Une fois sèche, la feuille est exposée au soleil sous le cliché pendant un temps qui peut varier, s'il est bon, entre deux et cinq minutes (de six à quinze minutes à la lumière diffuse). Elle est ensuite recouverte d'un mélange d'encre d'impression et d'encre de report au moyen d'un rouleau en cuir ou en caoutchouc, puis plongée dans de l'eau froide pendant 2 à 3 heures. Ces dernières opérations sont exécutées dans le cabinet noir.

Si l'on prend, après le lavage, la feuille et que l'on passe dessus, à différentes reprises, un bon rouleau lithographique, l'image se développera et la plaque perdra toute l'encre inutile. On la soumet alors à l'action de l'eau tiède, pendant assez longtemps pour que la couche soit dissoute dans les parties non impressionnées, après quoi on laisse égoutter. La surface de l'épreuve est ensuite mouillée avec la solution suivante, qu'on laisse sécher dessus:

Eau	1.000	grammes
Gomme arabique	40	»
Sulfate de cuivre	2	»
Acide gallique	5	»
Acide azotique	0,5	».

On fait le tirage dans une presse typo-lithographique. La presse lithographique peut servir au besoin mais avec un moins bon résultat, à cause du rateau qui finit par abimer le dessin et qui peut avec avantage être remplacé par un cylindre spécial, doublé en feutre. On encre avec un rouleau lithographique en ayant soin que la plaque soit légèrement humide.

En remplaçant la plaque mince par une autre plus épaisse et en gravant par les acides, on obtiendra une planche en relief tout-à-fait propre au tirage typographique.

Le procédé qui vient d'être décrit n'est presque pas employé par la Section photographique. On ne fait plus de tirages sur le zinc mince, qui sert seulement aux reports indispensables à l'héliogravure et à la photolithographie; ces reports sont obtenus d'après une épreuve faite avec la gélatine bichromatée et au moyen d'un procédé excessivement facile et d'une réussite certaine, si le cliché est à peu près bon.

Le liquide sensibilisateur est composé de

Gélatine   8
Bichromate de potasse   3
Eau 100

on le verse sur la plaque, préalablement lavée à la potasse ou à la soude caustique, à dix pour cent, et bien essuyée et, au moyen du plateau tournant, décrit page 17, on égalise et on amincit la couche, qu'on laisse sécher sur le plateau même.

Après l'exposition à la lumière (8 à 15 minutes au soleil) la plaque est bien lavée à l'eau froide et séchée à l'air. Si on la lave très légèrement avec une éponge humide en l'essuyant ensuite avec un morceau de linge très souple, en encrant avec un bon rouleau lithographique, couvert d'une mélange de parties égales d'encre de report et d'encre d'impression, on obtiendra une épreuve excellente qu'on pourra reporter soit sur pierre soit sur métal.

Héliogravure en taille-douce

On connaît un grand nombre de procédés, basés sur l'action chimique de la lumière, qui évitent la gravure au burin.

La gravure en creux a sans doute, sur la gravure en relief, l'avantage de se prêter à l'exécution de travaux très délicats et qui, autrement faits, ne pourraient subir le tirage typographique. Il est cependant incontestable que la rapidité d'exécution et l'économie, qualités qui doivent toujours être appréciées à leur juste valeur, donnent une très grande supériorité à la photo-typographie, quand on la compare avec des procédés dont les clichés ne permettent guère un tirage supérieur à quelques dizaines d'épreuves par jour et demandent à être manipulés par des imprimeurs habiles et par cela même difficiles à trouver.

Je ne crois pas que la pratique d'une sorte d'héliogravure qui, toute excellente qu'elle puisse être, a des inconvénients très sérieux eu égard aux grandes plaques qu'il faudra fabriquer et au genre de travail qu'elles doivent reproduire, soit excessivement avantageuse pour la Direction Générale des Travaux Géographiques du Portugal. Néanmoins, comme la gravure au burin sur cuivre ou sur pierre est encore la plus généralement employée dans l'exécution des cartes géographiques, ce qui ne démontre pas toutefois qu'elle soit la préférable, on a pensé devoir essayer des procédés connus, qui agissent de même façon quant aux résultats du travail.

La Section photographique est à même de pratiquer aujourd'hui deux sortes d'héliogravure sur cuivre. La gélatine bichromatée ou le bitume de Judée lui servent de base.

Premier procédé

Reproductions (sans demi-teintes) de gravures, d'imprimés de différentes espèces, de manuscrits, etc. Une plaque en cuivre, parfaitement plane et polie, est couverte d'une couche constituée essentiellement par la gélatine et le bichromate de potasse ou d'ammoniac. Dans le but de hâter la dessication du liquide sensible et en même temps de le distribuer avec égalité, on a recours à la chaleur et à la force centrifuge, grâce au mouvement du plateau en fonte (décrit pag. 17), chauffé par quelques becs à gaz convenablement disposés.

Cet appareil, qui est excessivement commode, peut servir toutes les fois qu'il faut distribuer sur la surface plane d'une plaque quelconque, une solution destinée à produire une couche très égale et assez mince. Employé soit pour le bitume, soit pour la gélatine, soit pour une autre matière, il est indispensable dans une établissement du genre de la Section photographique.

Une fois la plaque sensibilisée, on l'expose aux rayons du soleil ou à la lumière électrique, sous le cliché, pendant un temps qui doit varier d'après l'intensité et la nature de la lumière. Il faut que celle-ci imprime vigoureusement sur le cuivre le dessin de l'épreuve *positive* superposée au métal. Il faut dire que dans ces procédés d'héliogravure on ne peut employer que des clichés positifs. Pour les fabriquer on a recours de préférence au collodion sec; les négatifs sont faits soit au collodion humide, soit au collodion sec. En superposant le cliché négatif à une glace collodionnée et sensibilisée, on obtient le contre-type nécessaire à l'héliogravure.

Pour les positifs destinés à la gravure du trait, la lumière électrique est la plus avantageuse comme donnant une netteté extrême et une grande finesse. Il va sans dire que le négatif doit être assez réussi. Cependant les contrastes excessifs sont non-seulement inutiles dans cette espèce de clichés, mais bien souvent nuisibles. Il suffit que l'image négative soit assez vigoureuse et parfaitement détaillée.

La gravure est faite avec une solution de perchlorure de fer qui, tout en insolubilisant la gélatine, agit sur le cuivre placé dessous en raison inverse du degré d'insolation. Les surfaces tout-à-fait attaquées par la lumière, imperméables au liquide, protègent le métal à-peu-près de la même manière que le vernis isolant, employé dans la gravure à l'eau forte. Si la gravure doit contenir des traits très deliés et d'autres très gros, la profondeur de ceux-ci sera peut-être insuffisante pour le tirage. Il faut alors ou les retoucher au burin, ou les creuser en répétant la morsure sur ces parties, d'après le système décrit plus loin.

Reproductions d'après nature; gravures avec demi-teintes. On emploie toujours une plaque en cuivre, bien plane et bien polie, couverte d'une couche mince de gélatine, mélangée avec du bichromate de potasse. Seulement on la couvrira d'abord d'une certaine quantité de résine, en poudre très fine, qui doit être parfaitement distribuée sur toute la plaque. Cette substance, en adhérant au métal au moyen d'une chaleur très douce qui en déterminera un commencement de fusion, produit des réserves superficielles qui sont la cause première de l'espèce de grain qui doit résulter plus tard des opérations de la gravure proprement dite.

La plaque, ayant été exposée au soleil ou à la lumière électrique sous le cliché compétent est, après les opérations de vernissage par derrière et sur les bords et après quelques retouches, s'il en est besoin, mordue par une solution plus ou moins concentrée de perchlorure de fer qui, réagissant sur la gélatine soustraite à la lumière, traverse la couche sensible dans les parties plus ou moins exposées au soleil et ronge le métal en raison inverse de l'action lumineuse. Cette perméabilité de la gélatine, proportionnelle à la plus ou moins grande opacité des demi-teintes du cliché, aidée par l'action chimique du mordant qui réagit d'autant plus fortement et d'autant plus vite qu'a été plus faible l'action de la lumière sur le mélange de gélatine et de bichromate qui recouvre la plaque, donne lieu à la production des demi-teintes en taille-douce, motivées par le creusement d'une multitude de petits trous dans les parties que la résine a laissées à découvert. C'est ce qui forme le grain, visible après la gravure, dans toutes les demi-teintes existant sur la surface métallique. Cette granulation, quoique uniforme quant au diamètre des trous qui la produisent, fera naître des tons plus ou moins foncés, suivant la profondeur des interstices contenus entre les particules de la résine adhérente à la plaque, particules qui protègent les parties subjacentes contre toute altération.

La résine est indispensable à la reproduction des demi-teintes;

sans elle, la corrosion du cuivre, quoique jusqu'à un certain point proportionnelle aux demi-teintes du cliché, ne sera point accompagnée d'une rugosité de la surface suffisante pour retenir l'encre et permettre le tirage de la gravure.

On a remarqué cependant que la résine permet difficilement des tons vigoureux et, en même temps, de la douceur dans les demi-teintes. Rarement l'épreuve possède l'intensité nécessaire et quand cela a lieu, les contrastes sont presque toujours exagérés et peu artistiques. Cela résulte, jusqu'à un certain point, du manque de proportionnalité entre les granulations de la plaque et l'effet que doivent présenter les différentes parties du dessin. Il est à remarquer toutefois que ce défaut, le manque d'effet de l'image, peut être atténué si l'on fait réagir le perchlorure de fer, à différents degrés de concentration, sur la même couche de gélatine impressionnée ou, mieux encore, si l'on exécute plusieurs gravures sur la même plaque au moyen de divers clichés qui doivent différer seulement par le contraste des tons, et destinés les uns à la production du noir intense, les autres à la production des demi-teintes.

Ce dernier système qui exige la répétition de tout le procédé, puisque la première gravure étant exécutée, il faut faire sur la même plaque une gravure nouvelle, multipliant ainsi l'action du mordant, a le défaut de ne pouvoir être employé que par des opérateurs fort habiles et d'exiger une superposition parfaite des images, ce qu'il n'est pas toujours facile d'obtenir.

Afin d'obvier à cette cause d'imperfections, j'ai pensé à remplacer le grain à la résine par la couche sensible elle-même, additionnée d'une substance opaque en poudre, n'attaquant pas le bichromate de potasse, la gélatine ou le perchlorure de fer. Entre autres substances j'ai employé le sesquioxide de fer et l'argile rouge calcinée (débris de poterie).

Le travail exécuté dans ces conditions a présenté plus de suavité, plus de fini et des détails plus complets que ceux que l'on obtient à l'aide de la résine.

Tandis que cette substance agit comme préservatif absolu, tant dans les noirs intenses que dans les demi-teintes plus transparentes du cliché positif, la poudre incorporée dans la gélatine, par un effet de lumière facile à comprendre, produit sur la plaque une ombre composée, pour chaque particule opaque, d'un noyau plus sombre, facilement perméable au mordant, et d'une sorte de pénombre, plus ou moins accessible au perchlorure de fer, ce qui adoucit les demi-teintes d'une manière beaucoup plus efficace que la résine en poudre, soudée au métal par une opération antérieure, indépendante de la formation de l'image sur la couche sensible.

Il faut dire cependant que cette modification au procédé primitif, qui paraît avantageuse, n'est pas encore sanctionnée par une longue pratique. Jusqu'à présent elle n'a été que le sujet d'expériences qui, tout en paraissant concluantes, demandent à être continuées et confirmées par de nouveaux résultats.

Il est possible que les gravures ainsi obtenues, atteintes bien souvent du même défaut, résultant de la première manière d'opérer, soient peu vigoureuses; mais si nous considérons que l'opérateur peut choisir la granulation la plus convenable au travail qu'il veut reproduire, qu'il peut se servir d'un cliché approprié dans lequel la vigueur exagérée des contrastes fasse compensation à l'absence de ces contrastes résultant de la nature du procédé, cet inconvénient pourra être probablement écarté.

Deuxième procédé

Reproductions de dessins à la plume, d'imprimés sans demi-teintes, de manuscrits, etc. Ce procédé, plus simple que le précédent et beaucoup plus économique, est préférable dans un grand nombre de cas. Il n'est pas douteux que l'héliogravure par la gélatine se prête à l'exécution d'œuvres très délicates, fort difficiles à obtenir par d'autres moyens. Dans les réductions exagérées, par exemple, où la délicatesse du dessin doit être en rapport avec la netteté et la complexité des détails, il sera très difficile de remplacer l'héliogravure lithographique à la gélatine par une autre espèce d'héliogravure. Toutefois les dessins et les cartes géographiques sont d'une espèce très différente; ils exigent une certaine simplicité dans les détails et doivent être toujours facilement visibles et lisibles. On devra donc nécessairement, dans ce genre de travail, préférer le procédé qui, à égalité de conditions, se trouvera être le plus simple, le moins dispendieux et le plus facile à être pratiqué par un personnel peu expérimenté.

Le bitume de Judée, employé comme suit, peut rendre de nombreux services.

On couvre la plaque métallique d'une solution de bitume dans la benzine et l'essence de lavande, de manière à ce que la couche, tout en étant aussi mince que possible, ait la force nécessaire pour résister à l'eau forte employée comme mordant. Ce vernis doit être, toutes les fois que les dimensions de la plaque le permettront, appliqué à la main, comme du collodion, et avec grand soin afin d'être bien uni. On peut encore avoir recours très avantageusement à la machine à gélatiner décrite plus haut. Après avoir été séchée par la chaleur, la plaque est exposée sous le cliché, soit à la lumière directe du soleil, soit à la lumière électrique. Après l'avoir retirée de la presse, en la laissant d'abord refroidir si elle est tiède, on la plonge dans de l'essence de térébenthine pendant le temps nécessaire à la complète dissolution de la résine, aux places qui correspondent aux opacités du cliché. Une fois mis à découvert partout où se trouvera le dessin, il suffira de soumettre le métal pendant quelque temps à l'action de l'eau forte, pour que la gravure se fasse promptement et avec netteté.

Gravure chimique typographique

Cette gravure est exécutée au moyen d'acides qui rongent le zinc seulement dans certaines parties qu'on laisse à decouvert, les autres étant protégées par des substances spéciales. Ce sont ces parties qui constituent le dessin qui doit être mis en relief pour former un cliché du même genre que celui des caractères d'imprimerie.

La gravure chimique qui peut se faire indépendamment de la photographie et dont le point de départ peut être un report lithographique, un dessin à la plume, etc., est toujours la dernière phase des procédés qui, à proprement dire, constituent la photogravure typographique. Ainsi les clichés métalliques que l'on emploie dans les tirages relatifs à ces deux procédés sont identiques.

Le tirage typographique, destiné à répandre partout la connaissance des produits de l'intelligence et du travail humain, donne à la gravure chimique sur zinc une grande valeur industrielle que personne aujourd'hui ne peut méconnaître.

Tandis que le graveur sur bois met bien souvent des semaines à fabriquer une gravure, le graveur chimique exécute la même tâche en quelques heures; des dessins fort compliqués ou d'un genre spécial, qui exigeraient l'intervention d'artistes fort habiles, sont parfois mis en relief par de simples apprentis.

Pour qu'une plaque puisse être gravée par les acides ou par des solutions spéciales, il faut que le dessin destiné à être transformé en gravure, soit fait avec une substance capable de résister au liquide qui doit réagir sur le métal.

L'encre de report, l'encre lithographique soluble, le bitume de Judée, la gélatine bichromatée insolubilisée par la lumière peuvent, avec plus ou moins d'avantage, isolément ou associés, former l'image que l'acide doit mettre en relief.

Le dessin qui peut être fait directement sur le métal à graver est, le plus souvent, transporté sur la plaque, soit au moyen d'un report lithographique, soit par la lumière (procédés photographiques).

Les dessins exécutés sur papier autographe avec l'encre lithographique; les gravures ou dessins sur pierre, en y comprenant les travaux au crayon; les épreuves typographiques d'un imprimé quelconque, si l'on a le soin de les tirer avec de l'encre de report et, enfin, les gravures sur cuivre ou sur acier qui, mises en relief, supporteraient le tirage typographique sans danger d'écrasement, peuvent tous être reportés sur zinc et gravés ensuite.

Quelque soit le système employé, il convient cependant de ne pas entreprendre la gravure sans que le dessin soit préalablement renforcé par un encrage particulier fait avec une encre spéciale, ou par d'autres moyens.

Le travail de l'ouvrier dans le procédé qui nous occupe se borne presque à la répétition des encrages, faits avec des rouleaux lithographiques ordinaires, encrages qui, succédant toujours à l'action corrosive de l'eau forte, empêchent, dans le contact ultérieur de la plaque avec cet acide, la dissolution du métal qui doit plus tard, protégé de cette manière, constituer la gravure.

Au fur et à mesure que le creusement du métal augmente, la formation des talus, dont l'encrage est difficile, exige des soins particuliers. Si l'on n'a pas recours à un moyen quelconque pour forcer l'encre, déposée sur les parties hautes de la gravure, à descendre tout le long des pentes et à s'arrêter justement à leur base, le travail sera tout-à-fait perdu.

L'encrage se fait dans ce but sur un fourneau spécial dont le haut est fermé par une plaque horizontale en fonte qui, fonctionnant comme une sorte de table sur laquelle sont placées les gravures pendant l'encrage, permet par sa chaleur, qui ne dépasse point 200 degrés centigrades, la fusion de l'encre qui les recouvre et par conséquent le *descensum* indispensable à la conservation du travail exécuté.

Il faut dire que la concentration de l'acide azotique augmente en raison du creusement de la plaque et que, pendant la morsure, on doit le tenir dans une agitation continuelle, pour que la réaction se fasse uniformément. Cette agitation est produite par les oscillations régulières des cuves de gravure qui peuvent être mues à la main ou par la vapeur.

Quand on voit que le creux est suffisant, la plaque est retirée de l'acide puis lavée à la brosse avec de la benzine ordinaire, de l'essence de térébenthine ou du pétrole et une solution diluée de potasse ou de soude, légèrement caustique; on la fait sécher sur le fourneau à encrer et on procède à un nouvel encrage. Cet encrage fait avec un rouleau lisse et la chaleur sont, dans le commencement de cette phase du procédé, combinés de manière à ce que seulement le talus inférieur reste à découvert, les différents talus forment une sorte d'escalier qui doit disparaître et être remplacé par un plan unique.

En renouvelant, avec les soins et les modifications exigées par les circonstances, les lavages, les encrages et les immersions dans le bain d'eau forte, jusqu'à ce que les irrégularités des plans inclinés qui limitent la gravure aient disparu et soient remplacées par une seule *surface, régulièrement disposée*, on aura une gravure toute prête, après son montage sur bois, à être tirée typographiquement.

La plaque étant gravée, il faut encore corriger et retoucher la gravure bien souvent rendue défectueuse par des rebarbes et d'autres irrégularités produites par les premiers encrages ou morsures.

Le zinc, qui est le métal généralement employé dans ce genre de travaux, peut supporter des tirages donnant plusieurs milliers d'épreuves.

Héliogravure typographique

Parmi les différentes sortes de gravures que l'on peut obtenir au moyen de la lumière et des agents chimiques, la photo-gravure typographique l'emporte incontestablement par la rapidité et le bon marché de sa fabrication.

Entièrement semblable, quant à l'espèce de tirage qu'elle doit subir, aux caractères employés dans la composition typographique, elle peut être intercalée dans le texte de cette composition, ce qui n'a pas lieu avec les planches héliographiques en taille douce destinées au tirage lithographique.

Deux sortes d'opérations interviennent dans la fabrication des clichés photo-typographiques. On fait d'abord un cliché négatif sur glace, puis, par son intermédiaire, le dessin qui doit plus tard devenir gravure.

La lumière joue d'abord le premier rôle. Les affinités chimiques seront à leur tour chargées de creuser la plaque aux endroits exempts de dessin. C'est à ce moment que commence la deuxième classe d'opérations, déjà décrite, et qui doit être confiée aux soins d'un bon gilloteur.

Ayant donné, dans l'article précédent, une notice résumée du procédé de gravure chimique employé par la Section photographique, procédé découvert par Gillot et pratiqué aujourd'hui dans plusieurs établissements étrangers, je commencerai par indiquer le soin que l'on doit apporter au choix des plaques, de la qualité et du fini desquelles dépend en grande partie la réussite du travail.

Le métal choisi est le zinc à cause de la modicité de son prix et, de sa dureté, suffisante pour les travaux auxquels il est destiné. La facilité avec laquelle il se laisse attaquer par l'eau forte est aussi un avantage.

On peut, si l'on veut, couvrir la gravure, au moyen de la galvanoplastie, d'une couche fort mince de cuivre qui en augmente la résistance et lui garantit une durée plus longue; avantage compensé par un grossissement peu appréciable.

Les plaques de zinc doivent être *très bien* planées. Deux inconvénients principaux résultent d'une surface inégale; le premier est la difficulté de l'application de l'épreuve qui forme le point de départ, soit qu'on l'obtienne par report, soit directement par le cliché; le second est l'irrégularité de l'encrage, dont l'uniformité, pendant la gravure, est une condition indispensable de réussite.

Le zinc doit posséder une texture assez homogène, afin de ne pas offrir des résistances différentes à l'acide qui doit le mordre.

Il doit être aussi très compact et ne présenter ni déchirures ni solutions de continuité. Le battage préalable est utile, car il diminue la porosité, durcit le métal et le rend plus propre à des tirages considérables.

Si les plaques sont seulement un peu cylindriques, on peut s'en servir pourvu qu'elles soient minces, attendu que l'effort auquel elles sont assujetties dans le châssis-presse à imprimer les fait s'adapter parfaitement au cliché.

Les bosses constituent un défaut irrémédiable qui empêche d'obtenir une gravure non-seulement parfaite, mais même médiocre. Cependant il ne faut pas en conclure que l'on doive écarter toutes les plaques dont la surface n'offrirait pas un plan mathématiquement droit, car on évite facilement les inconvénients qui résultent d'inégalités peu sensibles.

En observant sur la surface polie du métal l'image d'un objet limité par des lignes droites, on connaîtra facilement si cette surface est suffisamment plane.

L'épaisseur de la plaque peut varier d'un à trois millimètres; il convient que cette épaisseur soit d'autant plus forte que le dessin est moins serré ou son étendue plus grande.

Si la plaque conserve une certaine flexibilité, elle s'appliquera mieux contre le cliché; c'est pourquoi, dans ces circonstances, sa ténuité sera plutôt une qualité qu'un défaut.

Toutefois si le graveur ne gagne pas beaucoup à se servir de plaques trop épaisses, il trouve de nombreux inconvénients dans l'emploi de lames trop minces. La difficulté de monter la gravure sur bois et la déformation des plaques sont les résultats de cette dernière exagération.

L'héliogravure typographique est, sans aucun doute, sous le point de vue industriel, la plus importante des applications de la photographie. C'est seulement par l'intermédiaire de cette espèce d'héliogravure qu'on pourra répandre, partout et à bon marché, des travaux littéraires et scientifiques qui sont aujourd'hui, à cause de l'élévation de leur prix, presque inconnus des classes pauvres et laborieuses.

L'héliogravure typographique est peut-être la principale spécialité du service photographique de Lisbonne. Cet établissement fait tout son possible pour vulgariser en Portugal non-seulement ce procédé, mais encore la gravure chimique typographique, son complément indispensable.

Pour que les travaux entrepris jusqu'à ce jour, dans le but d'organiser et d'installer un service de publication, comme celui qui est à la charge de la Section artistique, puissent s'achever; dans le but d'instruire des ouvriers intelligents, destinés un jour à remplacer nos actuels et excellents employés, dans l'espoir enfin de vulgariser des spécialités industrielles, encore presque partout inconnues ou mal appréciées, le chef du service se propose non-seulement de tenir, sitôt qu'on lui en accordera la permission, un cours public sur les applications industrielles de la photographie et sur le tirage aux encres grasses, mais aussi d'organiser dans la Section même un enseignement primaire et secondaire spécial, grâce auquel les jeunes apprentis pourront trouver, presque chez eux, les moyens de développer leur intelligence et de préparer leur éducation industrielle.

Reproductions de dessins à la plume, d'imprimés, de manuscrits, etc.

On peut parfaitement obtenir des clichés typographiques en zinc au moyen de la gélatine bichromatée. Il suffit de couvrir la plaque, destinée à la gravure, d'une couche très mince de solution sensible, en sorte que la gélatine se trouve, pour ainsi dire, après le développement à l'encre grasse fait avec le rouleau lithographique, cachée par le métal et par l'encre qui la préserve de l'action de l'eau forte, employée dans la gravure. Ce procédé, qui offre de certains avantages, exige toutefois beaucoup de soins et d'adresse pour que le dessin ne s'altère pas et ne soit point entamé, la gélatine se dissolvant très vite au contact des solutions acides.

Si le procédé à la gélatine est quelque peu difficile à cause de l'intervention d'acides qui rongent l'image, lorsqu'on la laisse trop exposée à leur influence, rien n'est plus facile que le procédé au bitume. Tous les deux peuvent cependant servir à la fabrication d'excellentes photogravures si, au lieu de graver directement les plaques gélatinées et encrées, on en fait des reports sur pierre. On pourra même, pour assurer la perfection des résultats, n'employer d'abord que des plaques métalliques très minces, appliquées exactement contre le négatif et qui ne pourront donner des images à contours indécis. On en fera des reports sur plaque épaisse qu'on gravera ensuite.

Dans le procédé au bitume il faut s'assurer d'abord de la qualité de la résine et de la benzine employées pour faire la solution, connaître l'essence de térébenthine et la sensibilité de la couche. Des essais préalables mettront l'ouvrier à même d'être sûr de son travail, en lui donnant la manière de l'exécuter avec intelligence.

Le bitume doit être assez dur, même dans les grandes chaleurs, et presque totalement soluble soit dans du pétrole distillé dont le point d'ébullition doit être compris entre 80 et 110 degrés, soit dans la benzine du commerce. Le dissolvant, quel qu'il soit, devra être préalablement desséché par du chlorure de calcium fondu. La solution sera faite à peu près à 8 ou 10 pour cent avec quelques centièmes d'essence de lavande.

Voici une formule qui est assez bonne:

Benzine commune.............. 100 grammes
Essence de lavande............. 3 »
Bitume de Judée.............. 8 »

Pour essayer la solution sous le point de vue de la sensibilité et l'essence de térébenthine destinée au développement, on prépare une plaque qu'on expose au soleil, en ayant soin d'en couvrir la presque totalité avec du carton ou du zinc mince, découpés de manière à simuler un dessin quelconque.

Après l'insolation qui, en plein soleil, peut durer de 15 à 25 minutes à peu près, on laisse la plaque se refroidir, sans la détacher du cliché; si on la prenait encore chaude le négatif pourrait être détruit.

Il est convenable, pour faciliter le détachement de la plaque, de frotter d'avance la surface vernissée de la glace et celle de la plaque métallique avec du talc en poudre et un linge très souple. On peut faire refroidir le métal en le mouillant avec une éponge humide. Le vernis qui couvre le négatif doit être assez dur et ne pas coller.

La formule donnée pag. 28 est excellente sous ce rapport.

Pour terminer l'essai il faut mettre la plaque insolée dans l'essence de térébenthine froide, d'un seul coup et à plat. Si, après une minute au plus, les découpures du zinc ou du carton se manifestent très nettement sur le métal avec une teinte très claire, indiquant que le bitume qui était sur la plaque s'est dissous dans les parties où la lumière n'a pu agir, les préparations sont bonnes et il faut, pour terminer l'expérience, laver tout de suite la plaque à grande eau, à l'aide d'une espèce de pomme d'arrosoir.

L'image doit alors se présenter très nette et le métal parfaitement propre, partout où il ne doive pas exister de bitume. Un peu de résine, laissée dans les intervalles du dessin, suffirait bien souvent pour anéantir tout le travail. Si le développement n'est pas tout-à-fait complet, on peut essuyer la plaque entre des feuilles de papier buvard lisse, la plonger encore pendant quelques instants dans l'essence de térébenthine et la laver à grande eau. Avec des soins on peut obtenir ainsi d'excellents résultats à l'aide de bitumes qui, sans cela, seraient irrémédiablement perdus.

L'essence de lavande additionnée à la solution de bitume, empêche l'évaporation et évite les inégalités d'épaisseur de la couche sensible qui doit être bien unie et parfaitement égale. L'emploi de plaques de zinc mince et bien poli est fort avantageux; aussitôt que la solution a été distribuée à leur surface, on les couche sur le plateau tournant, couvert d'une feuille de papier lisse et on fait évaporer la mixtion sensible jusqu'à la disparition presque totale de l'odeur de l'essence de lavande. On expose ensuite la plaque au soleil ou à la lumière électrique. Le développement se fait, comme il est dit plus haut, à l'essence de térébenthine, après que la plaque, échauffée par le soleil, s'est complètement refroidie. On plonge alors le zinc à plat et rapidement dans une cuvette contenant l'essence. Cette cuvette aura le fond cannelé afin de retenir les impuretés du bain. Il suffit, la plupart du temps, de quelques secondes pour développer l'image.

On ne doit pas pousser le développement jusqu'à ses dernières limites; il se complète dans le temps qui s'écoule entre le moment où l'on retire la plaque du bain et celui où l'on procède au lavage. Cette opération doit se faire le plus rapidement possible et de façon à mouiller d'un seul coup toute la surface de la plaque. Après le développement, le zinc est passé à l'acide nitrique très faible, puis légèrement gommé et encré. Si la plaque est très mince, on fait un report soit sur pierre, soit sur une autre plaque plus épaisse.

Le procédé au bitume est remarquable par la facilité des manipulations et la beauté des résultats. Pour les épreuves de très grandes dimensions, le procédé à la gélatine et aux feuilles d'étain est cependant préférable.

Héliogravure typographique avec demi-teintes

Le Service photographique du gouvernement portugais est certainement bien loin de se croire en possession d'un procédé tel qu'il lui permette de reproduire par la photo-typographie un objet quelconque avec tout son modelé et toutes ses demi-teintes. Il n'a fait jusqu'à présent qu'effleurer cette question et en présentant le système adopté dans la fabrication de ses specimens, il n'a d'autre but que celui de montrer que la voie qui peut conduire à ce desideratum de la photographie n'est peut-être pas si difficile à suivre et si ennuyeuse qu'on pourrait le croire.

Si les essais entrepris ont malheureusement duré trop peu de temps, ils ont eu toutefois des résultats qui encourageront peut-être à de nouvelles recherches.

Deux procédés ont été essayés; le premier en date a recours au zinc et au bitume de Judée, le second au cuivre et au procédé d'héliogravure en taille-douce pour la reproduction des demi-teintes, décrit pag. 43. Nous ne ferons, pour le premier procédé, que reproduire la communication faite à ce sujet à la Société française de photographie au mois d'août 1875. Le deuxième sera décrit plus loin.

Premier procédé

On mélange avec de l'essence de lavande et un peu de bitume de Judée du sucre ou une substance soluble dans l'eau ou dans l'acide nitrique; l'amidon, le carbonate de chaux, le carbonate de plomb, rempliraient le but; on broie le tout à la molette jusqu'à homogénéité parfaite, puis on mélange une quantité suffisante de cette pâte à la solution de bitume dans la benzine, de façon à avoir une solution sensible de consistance convenable. On recouvre la plaque comme à l'ordinaire, en ayant soin de ne pas donner trop d'épaisseur à la couche. On développe à l'essence de térébenthine et on plonge tout de suite l'épreuve dans la cuve à graver contenant de l'acide nitrique faible, comme s'il s'agissait de faire une première morsure. L'acide pénètre peu à peu la couche résineuse en dissolvant les matières destinées à former le grain, trouant la préparation plus ou moins, d'après l'épaisseur de l'enduit bitumineux, et reproduisant ainsi les demi-teintes de l'original. Il faut avoir soin que la morsure ne soit pas trop considérable, et protéger à l'aide d'un vernis ou d'encre lithographique les parties de l'image accidentellement dénudées. On encre alors, et l'on continue la gravure comme à l'ordinaire.

On a aussi essayé une autre manière de produire le grain: on couvre une plaque de zinc, comme d'habitude, d'une couche de bitume, en employant la solution indiquée page 52. Sur cette couche on verse ensuite du vernis à l'alcool de qualité convenable, en sorte que son épaisseur soit très faible. On prend la plaque pendant que sa surface est encore collante et on laisse tomber dessus de la plombagine en poudre très fine; on emploie pour cela une boîte spéciale, semblable à la boîte à résine des graveurs à l'eau forte. En chauffant ensuite le zinc, la plombagine restera collée à la couche de vernis. Après l'insolation, on lave la plaque à l'alcool qui dissout l'enduit extérieur en emportant la plombagine et on développe à l'essence. Le grain sera alors formé par une multitude de petits trous, que l'opacité de la graphite aura produits, le bitume qui etait dessous conservant toute sa solubilité dans la térébenthine.

On peut encore, et je pense que cette manière d'opérer est la meilleure, couvrir la plaque de zinc avec une solution de bitume faite en sorte que la moitié de la benzine soit remplacée par l'essence de térébenthine, pour éviter que la couche ne se dessèche trop vite. C'est encore pour cela qu'il faut employer le plateau tournant *non chauffé*.

Quand la couche, encore liquide, commence à poisser, on place la plaque dans la boîte à résine indiquée ci-dessus, avec cette différence que la résine est substituée par la craie en poudre préalablement tamisée. Après quelques minutes d'attente les particules calcaires, qui sont tombées sur la plaque et qui ont fait corps avec la couche, graineront l'enduit de bitume d'une manière assez égale et assez fine pour que le grain se prête très bien à la production des demi-teintes.

Des recherches nouvelles amèneront, sans aucun doute, des modifications dans les dosages et dans les manipulations, et permettront d'arriver à des résultats bien supérieurs à ceux qu'on a obtenus jusqu'à présent.

Deuxième procédé

On prépare une planche de cuivre avec de la gélatine et du bichromate, comme s'il s'agissait d'une gravure en taille douce avec demi-teintes (voir page 43).

Il ne faut pas chercher à obtenir trop de creux, ce qui aurait plus d'inconvénients que d'avantages. Il suffira que la gravure, quoique peu prononcée, ait toutes ses demi-teintes bien évidentes et parfaitement déterminées. Une gravure excessivement profonde serait, dans le travail qui nous occupe, plutôt nuisible qu'utile. Les ombres devront être formées par une granulation extrêmement fine, mais visible et très sensible.

On fait donc un cliché négatif de l'objet à reproduire; du cliché au collodion humide on passe à un cliché positif au collodion sec. La gravure sur cuivre, qui sert d'intermédiaire, est obtenue au moyen d'un mélange de gélatine et de bichromate d'ammoniac dissous dans l'eau, additionnée de sanguine en poudre ou d'une autre matière convenable. La morsure est faite, comme d'habitude, par une solution de perchlorure de fer.

L'opération conduite à ce point, il est facile de comprendre ce qui reste à faire pour obtenir un cliché typographique avec la planche en taille-douce. Il suffira pour cela de faire un tirage de la gravure sur papier de report qui servira ensuite à reporter sur zinc l'image, préalablement déposée sur le cuivre. Le dessin, gravé sur le premier métal par le procédé de la gravure chimique (gillotage), donnera un cliché qu'on pourra plus tard tirer avec le texte d'un imprimé quelconque.

La réussite de ce procédé dépend de l'habileté des opérateurs. C'est là, à mon avis, sa plus grande difficulté; non que les opérations qui le constituent soient trop difficiles, mais parce qu'il faut y procéder avec adresse et intelligence.

Phototypie

La planche qui sert au tirage est faite avec de la gélatine bichromatée, déposée sur une plaque de zinc ou de cuivre convenablement grainée.

Le grain est obtenu par le frottement de la plaque avec un morceau de pierre ponce lisse et du sable en poudre très fine.

Le cliché photographique employé est un négatif retourné qui, par l'exposition à la lumière sur une plaque métallique sensibilisée, rend cette plaque apte à recevoir l'encre grasse aux places insolées, avec une vigueur déterminée par l'intensité de l'influence lumineuse.

On arrive de cette manière à reproduire, avec une grande douceur de tons, toutes les demi-teintes d'un original, quelque compliqué qu'il soit.

Le tirage se fait lithographiquement, comme d'habitude.

La phototypie, essayée pour la première fois dans la Section photographique vers la fin de 1874 et dans les premiers mois de 1875, en est encore à ses premiers essais.

On comprend facilement qu'une très grande variété de procédés est peu convenable dans un établissement qui possède un personnel restreint. On n'arrivera jamais ainsi à la perfection et l'on n'exécutera que de mauvaises épreuves. C'est pourquoi, jusqu'à ce jour, la phototypie a été mise de côté par notre Service photographique. Qu'on me permette, cependant, de croire, d'après mes propres essais, que la phototypie a bien plus de chances de réussite qu'on ne pourrait le penser, en vue de la description de plusieurs procédés aujourd'hui en vogue. Une *seule* couche, pas *trop* mince, sur métal ou sur glace; une solution sensible, peu compliquée; de la gélatine, de l'eau et du bichromate, tout simplement; un lavage *complet* de l'épreuve insolée; la *dessication* de la couche avant l'encrage, qui exige que la gélatine soit humide; l'emploi du tannin ou de l'alun pour insolubiliser la gélatine; quelques tours de main et une certaine adresse, voilà ce qui me semble devoir constituer essentiellement la base industrielle de tous les procédés désignés d'habitude sous le nom de phototypie.

Dans ce moment je fais des essais avec une solution de gélatine, à 15 pour cent, à laquelle j'additionne une certaine quantité d'acide acétique et, *ensuite*, de l'alun en dissolution dans l'eau.

En versant cette préparation, qui est très limpide, sur une plaque de zinc un peu grainée et en la faisant évaporer, l'acide acétique disparaît et la couche qui reste est absolument insoluble dans l'eau; la sensibilisation se fait dans un bain de bichromate dissous dans l'eau.

Je ne puis me prononcer d'une manière définitive sur cette manière d'opérer; toutefois les avantages qu'elle semble offrir sont suffisants pour m'engager à continuer mes expériences.

Réductions par le caoutchouc

En très peu de temps on peut, par l'intermédiaire du caoutchouc, augmenter ou diminuer la surface d'un dessin, au point de le réduire à des dimensions insignifiantes ou vice-versà.

Les variations d'échelle, confiées à l'élasticité du caoutchouc, épargnent bien souvent les opérations ordinairement employées pour arriver à ce résultat. Il suffit pour cela que le dessin soit susceptible d'être tiré lithographiquement, sur pierre, par exemple, puisque c'est par des reports successifs que doit se vérifier le rétrécissement ou la dilatation de l'épreuve.

Quoique ce procédé offre peu de garanties lorsque on veut obtenir une très grande exactitude, il donne néanmoins des résultats si excellents dans son application dans les arts graphiques, que nous devons le ranger au nombre des procédés essentiellement utiles et industriels. Il ne peut d'ailleurs être surpassé pour la perfection et la netteté des résultats.

Supposons qu'après avoir choisi une feuille très mince de bon caoutchouc non vulcanisé, nous l'obligions, par des tractions successives, à se dilater parallèlement à elle-même dans tous les sens, plus ou moins selon le besoin, et que nous la laissions, après avoir estampé dessus et lithographiquement un dessin quelconque, revenir à ses premières dimensions; l'épreuve diminuera en même temps qu'elle, et pourra, au moyen d'une nouvelle opération lithographique, être reportée sur une autre pierre qui recevra le travail déjà réduit, plus parfait et prêt à subir un tirage après les préparations convenables. En procédant d'une manière inverse, on obtiendra, aussi facilement et avec la même rapidité, une ampliation au lieu d'une réduction. Les limites de la surface de la feuille élastique sont déterminées par des règles qui la retiennent latéralement.

Ainsi donc, tout travail typographique, type ou gravure, peut, au moyen de reports appropriés, par l'intermédiaire de l'appareil ci-dessus et au moyen de la gravure chimique, être parfaitement et promptement transformé en un autre, plus grand ou plus petit. On surmonte de cette manière et en une seule fois des difficultés si considérables, que je crois inutile de les rappeler aux personnes compétentes.

Pour que le caoutchouc puisse servir, comme il est dit, il est nécessaire de le couvrir d'une couche extrêmement mince et d'une composition spéciale, constituée par l'amidon, la céruse, la glycose, et quelques autres substances. Cette couche est indispensable à la réussite du procédé et à la netteté des résultats.

Les appareils à réduction par le caoutchouc ont été importés de Paris, tout récemment. On en verra une application dans les spécimens qui accompagnent cette notice.

La typo-autographie et le dessin des cartes géographiques

L'écriture est, sans aucun doute, une des plus grandes difficultés dans la composition des cartes géographiques. Quel que soit le procédé employé à son exécution, il est rare qu'elle présente partout les mêmes qualités et les mêmes caractères, si elle est gravée ou dessinée à la main. D'un autre côté elle prend tant de temps, elle exige tant d'aptitudes et de dépenses qui, si le système généralement suivi jusqu'à ce jour n'a presque pas changé, c'est certainement à cause des difficultés que l'on trouve à le remplacer.

Dans la supposition que les caractères d'imprimerie pourraient remplacer avec perfection et économie l'écriture géographique, faite à la main, on a résolu, depuis près d'une année, d'essayer quelques travaux dans ce genre.

La méthode décrite ci-dessous et que je fais, depuis quelques mois, employer par le Service photographique de Lisbonne, diffère assez, je le crois, des procédés essayés ou même adoptés aujourd'hui à l'étranger.

Étant donné un dessin géographique quelconque à reproduire, on copie les noms, les mots et les chiffres qui y sont contenus et on les imprime typographiquement avec des caractères choisis—*ad hoc*—sur une bande de papier spécial, de qualité variable d'après les circonstances.

On peut utiliser cette impression de trois manières.

1.º *Originaux pour reproductions photographiques.*—Lorsqu'on a dessiné au crayon et sur carton la carte à reproduire, on découpe les mots ou les désignations imprimés qui y correspondent, on les place aux endroits compétents, puis, remplissant au crayon les petites lacunes produites par les bords des découpures placées sur le dessin, on couvre tout le crayon avec de l'encre de Chine. La photographie, reproduisant une carte dans ces conditions, tout en disposant d'un bon original peut, en le réduisant, arriver à des résultats d'une très grande perfection.

2.º *Cartes obtenues par report autographique.*—La carte étant dessinée sur papier autographe, on procède comme il est dit plus haut, avec cette seule différence que le tirage des mots, etc., doit se faire sur papier de report.

Si le travail est de faibles dimensions, son exécution n'offre aucune difficulté. Lorsqu'il est terminé, ni l'encre lithographique qui sert au dessin, ni celle qui a servi au tirage typographique n'ont, en séchant, changé de qualité au point d'empêcher le report, que l'on peut effectuer sans inconvénient.

Toutefois, si la carte est assez grande, il devient nécessaire de modifier le procédé et de remédier aux inconvénients qui résultent de la dessication inégale de l'encre, employée dans le dessin ou ailleurs.

3.º On procédera d'abord, sur papier autographe, à la confection du dessin géographique.

Il va sans dire que le dessin proprement dit de la carte, au lieu d'être exécuté sur papier autographe, peut, avec des résultats encore plus avantageux, être dessiné sur pierre.

Si l'on emploie le papier autographe, on peut exécuter le travail par fractions; simultanément, en le confiant à plusieurs dessinateurs, successivement, s'il est à la charge d'un seul. Le tout ou les fractions seront reportés sur pierre; on aura ainsi une planche, sans aucune sorte d'écriture, qu'on traitera comme suit.

On tirera avec cette pierre mère une épreuve sur papier un peu mince, peu collé, en employant tout simplement une encre très siccative, de l'encre d'impression par exemple; sur cette épreuve on piquera les mots et les chiffres, préalablement découpés dans une feuille de bon papier autographe, sur laquelle ils auront été imprimés avec une encre spéciale dont voici la composition

   Encre de conservation........ 50 grammes
   Encre de report............. 50 »

Le travail du piquage qui peut, *avec soin*, se continuer, au moins pendant 8 jours sans inconvénient, permet facilement d'arriver à faire dans cet espace de temps 1,300 à 1,500 applications.

Il suffira alors de reporter sur une même pierre, avec toutes les précautions usitées dans les reports et les tirages au chrôme, deux épreuves lithographiques, en sorte que les étiquettes se trouvent collées juste à leur place, en les superposant sur une épreuve spéciale tirée de la carte mère et décalquée pour cela sur la pierre qui doit servir au tirage définitif.

Pour piquer les petits morceaux de papier autographe il faut les enduire par derrière d'une couche très mince d'une solution assez épaisse de gomme d'Arabie. Cette couche doit sécher rapidement pour ne pas nuire à la netteté des reports. Au moment du piquage on humecte très légèrement la face gommée des petites épreuves, soit avec un pinceau humide, soit autrement; on les place juste à l'endroit où elles doivent rester et on les colle sur le papier support au moyen d'une pression convenable, obtenue avec une pointe, qui peut être un burin de graveur. Pour faciliter le travail il est convenable de classer méthodiquement tous les mots et tous les chiffres découpés dans une espèce de casse, qui peut rappeler jusqu'à un certain point les casses des compositeurs.

Si l'on choisit les caractères d'imprimerie, en sorte qu'il s'accordent parfaitement avec le genre de la carte exécutée et avec l'importance des sujets qui y sont indiqués, on fabriquera de cette manière, typo-autographiquement, en employant les procédés ci-dessus, des cartes assez belles, surtout si l'on a soin de n'employer que des épreuves typographiques très réussies comme finesse, très complètes et très égales. On peut dire sans exagération que les travaux, ainsi exécutés, seront incontestablement plus beaux que ceux qui sont faits exclusivement à la main.

Les procédés typo-autographiques présentent si rarement des inconvénients insurmontables, que l'on peut espérer de les voir bientôt adoptés par les établissements géographiques qui veulent produire avec rapidité, perfection et économie.

En terminant cette description succinte de l'établissement que, grâce à la protection de Sa Majesté et au concours de la Direction générale des travaux géographiques du Portugal, j'ai eu l'honneur de fonder et de constituer, qu'il me soit permis de manifester mes sentiments de gratitude et d'estime envers tous ceux qui, dans la Section photographique, m'ont aidé dans mes travaux et ont contribué à l'obtention de résultats dont l'importance n'est pas encore dûment et généralement reconnue. En indiquant ici les noms et les attributions de mes collaborateurs, je ne fais que désigner ceux à qui je dois les élements de ce rapide exposé, que j'ai l'honneur de soumettre au jugement des hommes compétents, dont les appréciations et les conseils seront toujours pour moi la plus précieuse récompense de mes efforts en faveur du progrès de la science photographique.

SECTION PHOTOGRAPHIQUE.—Tableau du personnel à la date du 30 juin 1877

Noms	Fonctions	Date d'entrée en fonctions	Nationalité
José Julio Rodrigues............	Chef.................................	Novembre 1872...............	Portugais
Adelino Augusto Pret d'Azevedo..	Caissier comptable....................	13 septembre 1873............	»
Antonio da Costa Moreira........	Teneur de livres.......................	1 juin 1875..................	»
Un adjoint....................	» »	» »	»
Julio Augusto da Motta Mera.....	Dessinateur en chef...................	1 mai 1877..................	»
José Candido d'Assumpção e Sousa.	Elève dessinateur.....................	14 août 1875................	»
David Augusto dos Santos.......	Dessinateur (en commission)..........	17 février 1877...............	»
Antonio Maria de Carvalho......	» »	17 février 1877...............	»
José Francisco da Costa Ramos...	Chef du service des ateliers............	11 juin 1877.................	»
Antonio Martins Ribeiro........	Chargé du materiel...................	Avril 1872...................	»
João Rudin...................	Graveur (procédé Gillot) et imprimeur typ. (chef d'atelier)..	1 janvier 1875...............	Suisse
Francisco J. de Sousa Pavia......	Imprimeur lithographe................	3 janvier 1874...............	Portugais
Florencio da Silva Nogueira.....	Apprenti imprimeur lithographe........	1 mars 1875.................	»
Deux apprentis impr lithographe.	» » »	» »	»
João Rodrigues	Margeur............................	1 mai 1877..................	»
Manuel Dias dos Santos........	Photographe........................	1 juin 1877..................	»
Joaquim Theodoro Coelho......	»	18 septembre 1876............	»
Francisco dos Santos Pinto......	Apprenti photographe.................	10 avril 1877................	»
Domingos Eusebio da Cunha.....	» »	20 octobre 1876.............	»
Luiz José da Cunha...........	Polisseur des glaces et plaques métalliques..	10 novembre 1873............	»
João Francisco Brée...........	Compositeur typographe..............	25 octobre 1876.............	»
José Eduardo Mascarenhas......	Chauffeur mécanicien................	1 mars 1876.................	»
Manuel Jorge.................	Graineur...........................	1 novembre 1876............	»
José Maria...................	Garçon de bureau....................	1 novembre 1876............	»
Francisco Antonio Pinto........	Portier.............................	4 juin 1877.................	»

TABLE DES MATIÈRES

PAG.

Avant-propos.. 7
Renseignements divers... 9
Machines, appareils et autres objets importants................. 11
Canalisations... 18
Ventilation... 19
Distribution de l'électricité................................... 20
Garanties de sûreté... 22
Procédés.. 23
Fabrication des clichés photographiques sur glace............... 24
Procédé au collodion humide pour la reproduction d'imprimés, de dessins à la plume, de manuscrits, etc.; formules diverses.... 27
Clichés positifs pour héliogravure, directement faits par le dessinateur.... 29
Moyen de remplacer les négatifs usuels dans quelques travaux de photolithographie et d'héliogravure, par d'autres négatifs suffisamment réussis et d'une exécution facile........................ 30
Procédé photolithographique direct.............................. 31
Photolithographie.—Procédé basé sur l'emploi de feuilles d'étain d'une très faible épaisseur... 34
Photozincographie... 39
Héliogravure en taille-douce.................................... 41
    Premier procédé... 42
    Deuxième procédé.. 45
Gravure chimique typographique.................................. 46
Héliogravure typographique...................................... 48
    Reproductions de dessins à la plume, d'imprimés, de manuscrits, etc.. 51
Héliogravure typographique avec demi-teintes.................... 53
    Premier procédé... 54
    Deuxième procédé.. 55
Phototypie.. 56
Réductions par le caoutchouc.................................... 57
La typo-autographie et le dessin des cartes géographiques....... 58

PLANCHES

1. Plan du premier étage de la Section photographique. Dessin sur pierre.

2. Plans du deuxième et du troisième étage de la Section photographique. Dessin sur pierre.

3. Principal interrupteur-distributeur de l'électricité fournie par la machine magnéto-électrique de Gramme de la Section photographique. Dessin sur pierre.

4. Moitié de la carte chorographique du Portugal — n.° 12. Gravure chimique typographique d'après un report de la gravure sur pierre.

5. Première page d'un livre portugais ancien. Photogravure typographique réduite par le caoutchouc. (Procédé au bitume).

6. Buste du peintre portugais Sequeira. Photogravure typographique d'après nature (reproduction d'un plâtre).

7. La table de bronze d'Aljustrel. Photogravure typographique d'après nature (report de gravure sur cuivre).

8. Carte géographique du Portugal. Réduction à la moitié (par le caoutchouc) d'une gravure sur pierre. Gravure chimique typographique du report.

Toutes ces planches ont été imprimées à la vapeur à 1,000, 1,500 et 2,000 exemplaires.

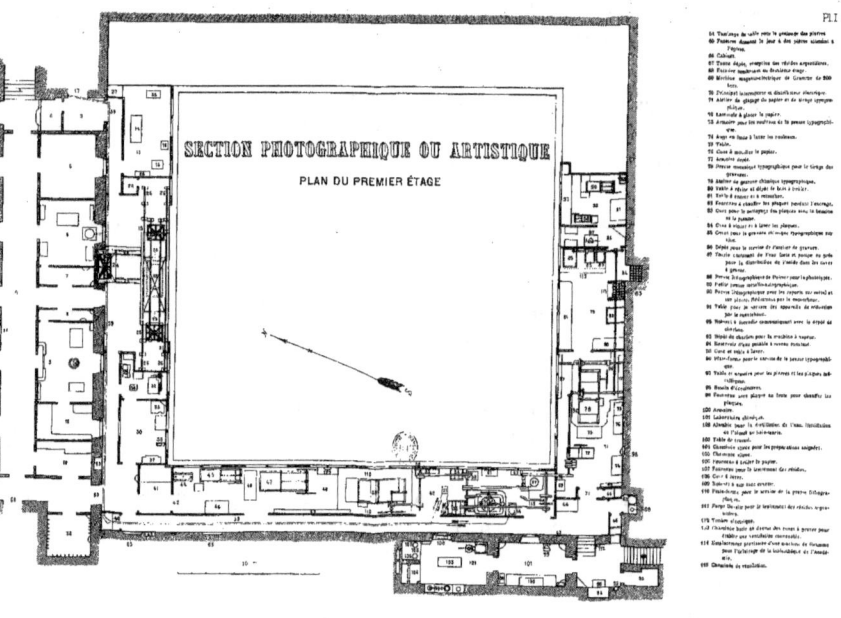

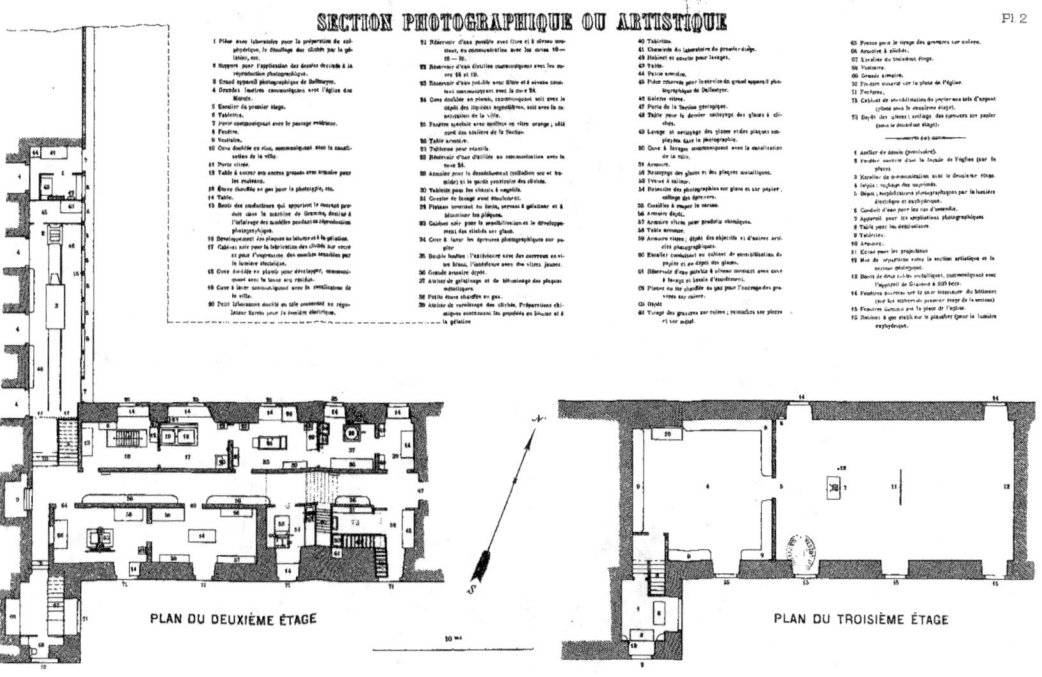

SECTION PHOTOGRAPHIQUE

INTERRUPTEUR-DISTRIBUTEUR

Pour le service de la machine de Gramme

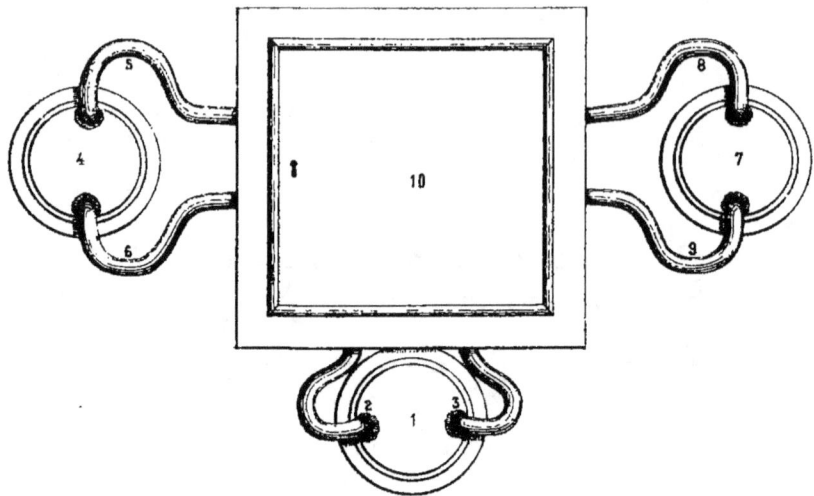

1 Rondelle en bois imbibé de gomme laque d'où sortent les conducteurs vissés à la machine Gramme.
2-3 Câbles en fil de cuivre recouverts de caoutchouc.
4-7 Rondelles en bois imbibé de gomme laque.
5-6 Câbles en fil de cuivre recouverts de caoutchouc, conduisant l'électricité dans l'atelier de tirage lithographique, dans l'atelier vitré et dans l'atelier de dessin au troisième étage.
8-9 Câbles idem conduisant l'électricité dans le cabinet noir du deuxième étage et dans l'appareil à amplifications placé au troisième étage.
10 Caisse en bois contenant l'interrupteur-distributeur.

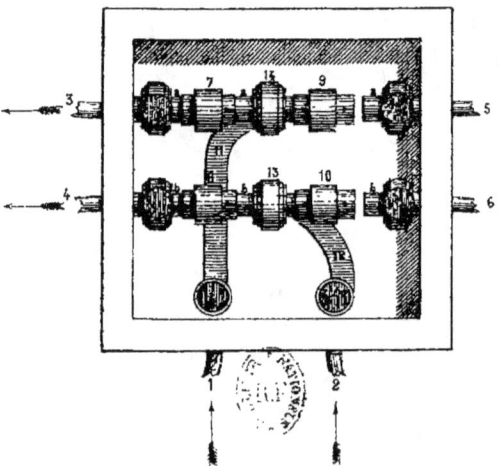

1-2 Conducteurs vissés à la machine de Gramme.
3-4-5-6 Conducteurs servant à la distribution de l'électricité.
7-8-9-10 Cylindres creux en cuivre pouvant glisser sur les pièces a et b.
11-12 Bandes en cuivre établissant la communication entre les pôles de la machine de Gramme et les pièces 13 et 14.
Dans la figure ci-dessus le courant électrique sort du côté 3-4 de l'appareil.

SERVICE PHOTOGRAPHIQUE DU GOUVERNEMENT PORTUGAIS

PORT

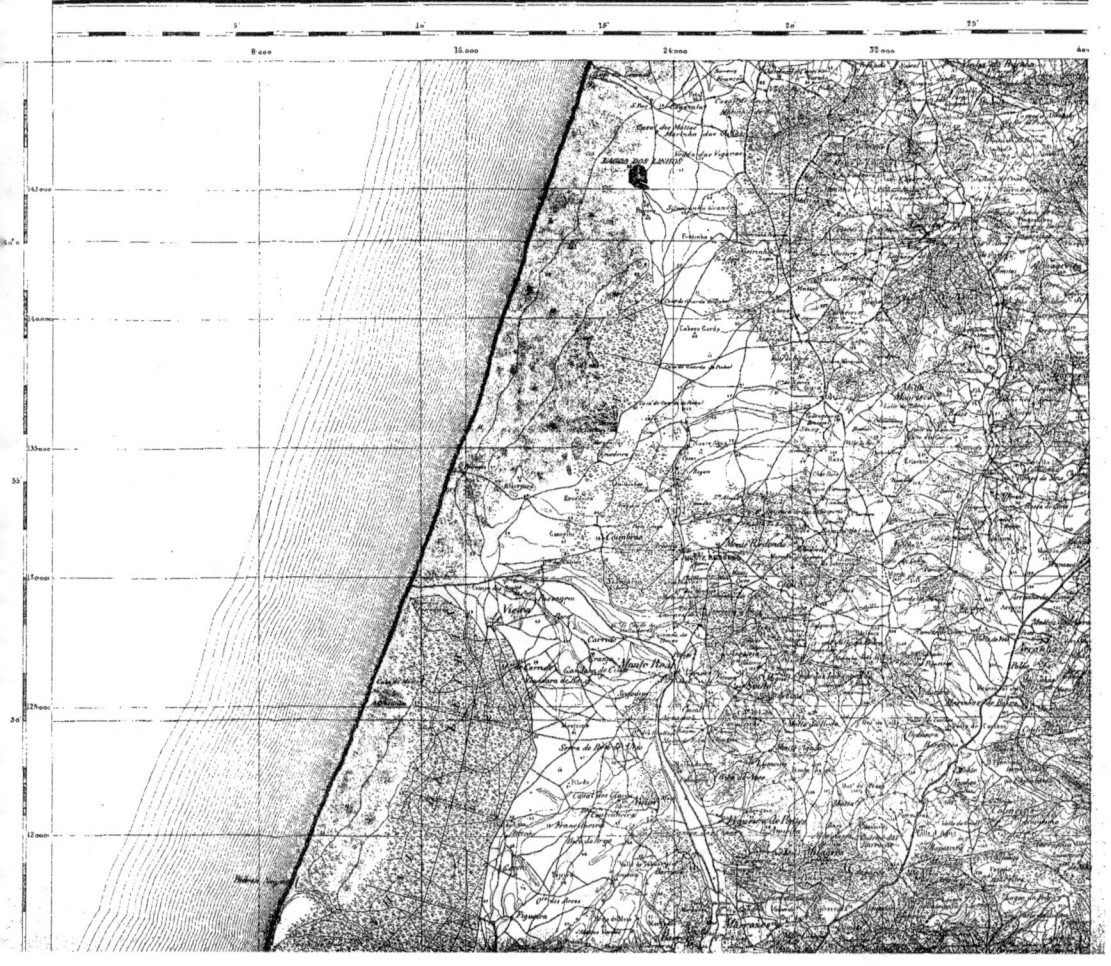

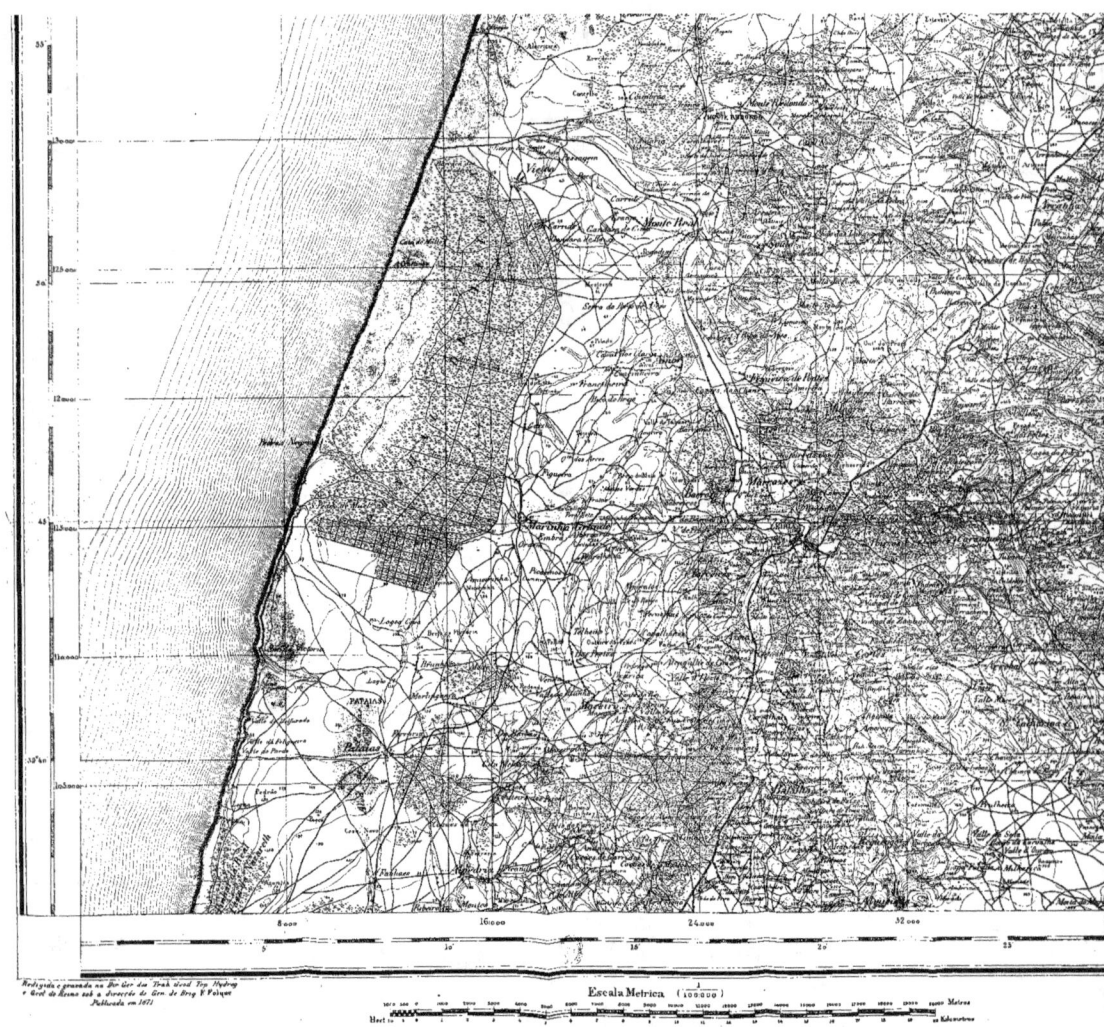

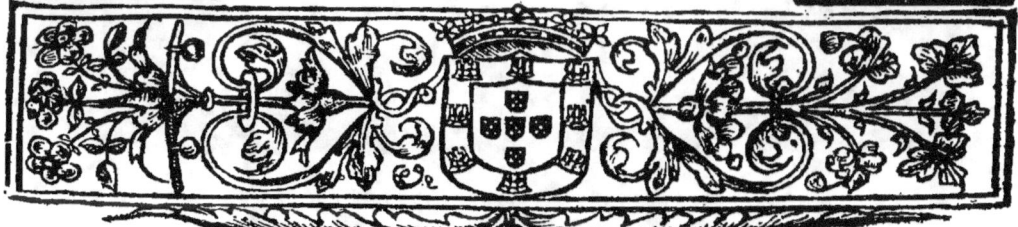

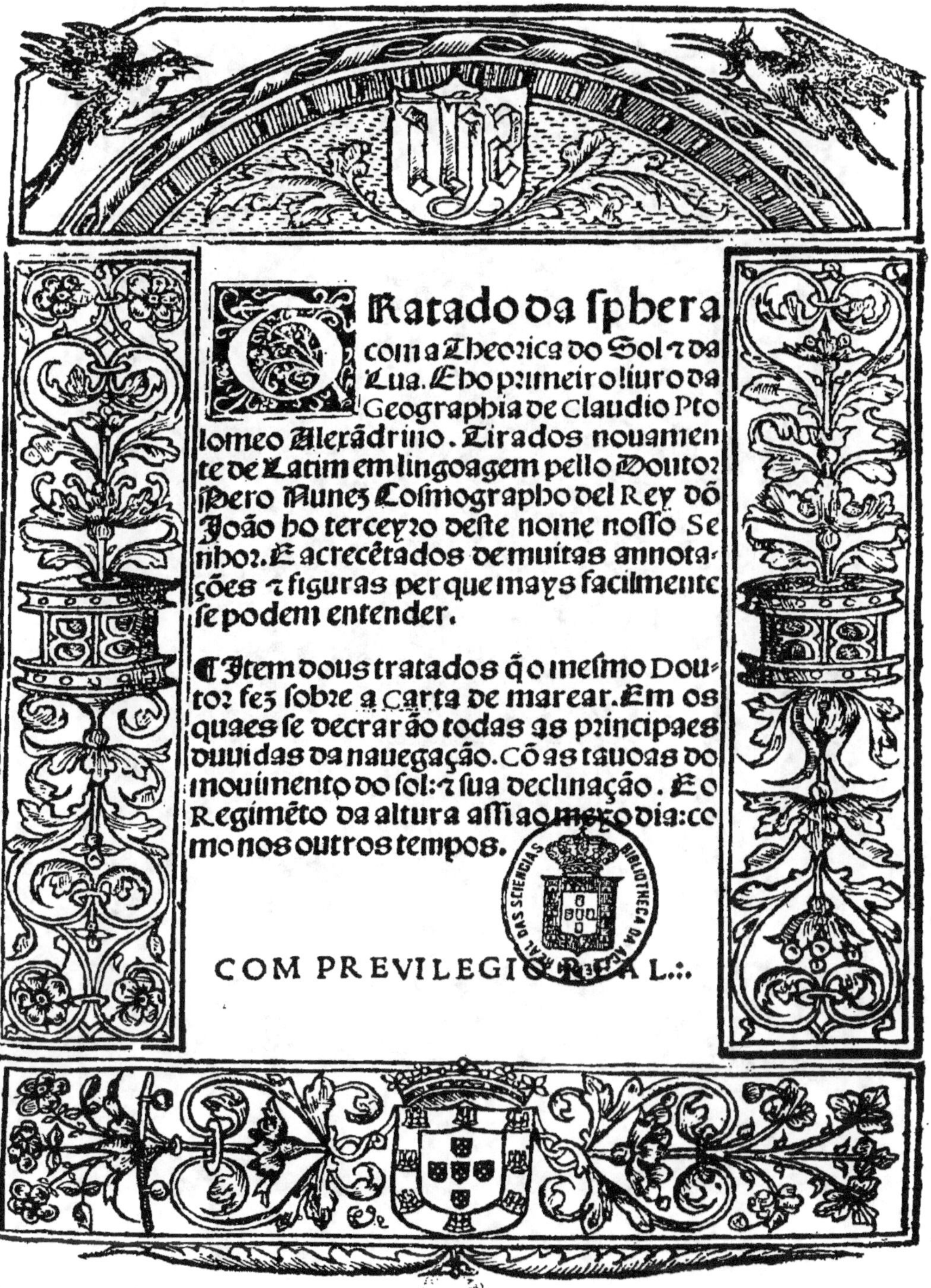

Tratado da sphera com a Theorica do Sol τ da Lua. E ho primeiro liuro da Geographia de Claudio Ptolomeo Alexãdrino. Tirados nouamente de Latim em lingoagem pello Doutor Pero Nunez Cosmographo del Rey dõ João ho terceyro deste nome nosso Senhor. E acrecẽtados de muitas annotações τ figuras per que mays facilmente se podem entender.

Item dous tratados q̃ o mesmo Doutor fez sobre a carta de marear. Em os quaes se declarão todas as principaes duuidas da nauegação. Cõ as tauoas do mouimento do sol: τ sua declinação. E o Regimẽto da altura assi ao meyo dia: como nos outros tempos.

COM PREVILEGIO REAL.

SERVICE PHOTOGRAPHIQUE DU GOUVERNEMENT PORTUGAIS

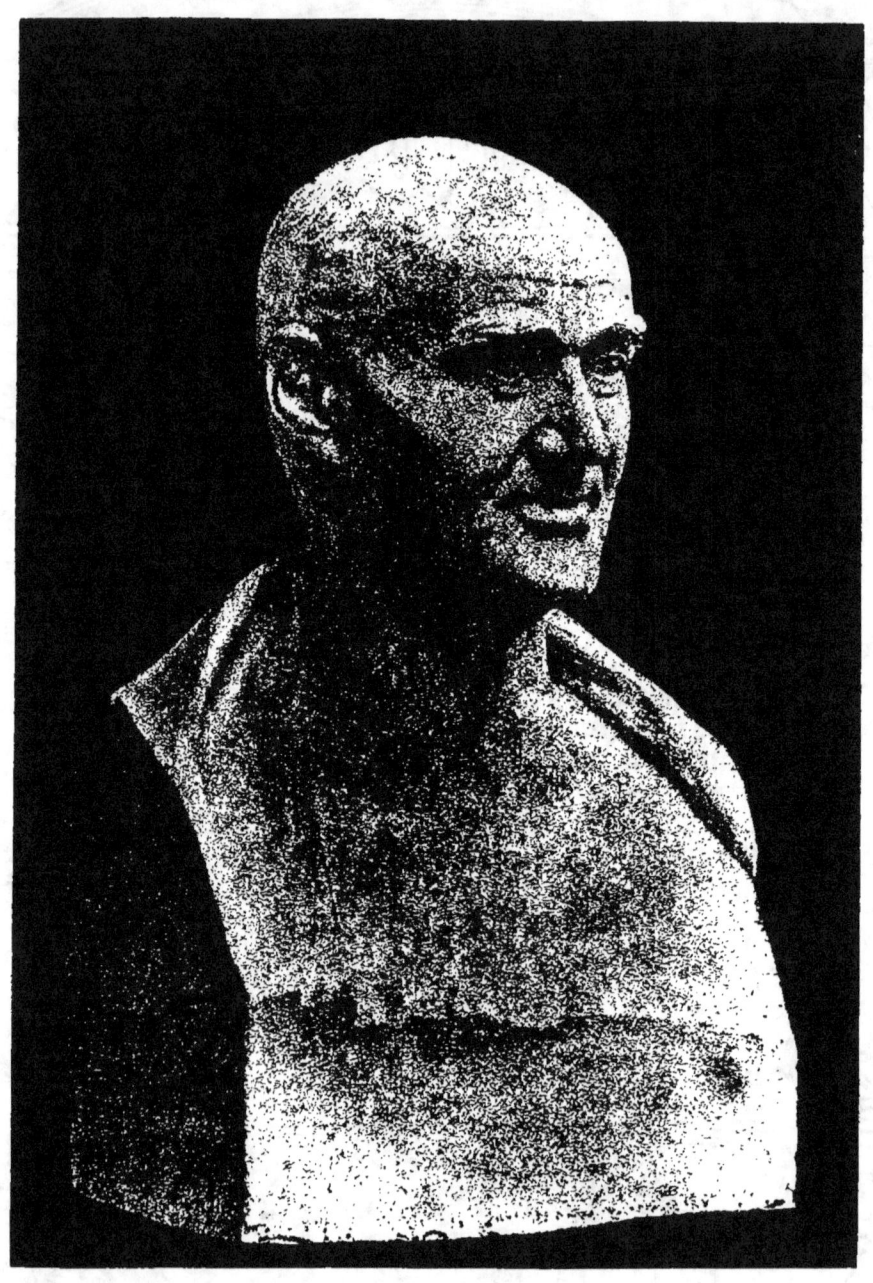

Réduction photo-typographique d'un modèle en plâtre.

CENTESIMAE ARGENTARIAE STIPVLATIONIS   CONDVCTOR EN
NEMINI TRAIINS... ET IPSCENS(?) BENE EXCEPTIS QVOS PROC... ATALORVM
ACCEPITO   CONIVNCTORI PRELLORI... PLOQVE PROC... ATALORVM VENDELEN
INSTITVIT AVCTIONES NISI FORO AN FA... DE... STERNINI... DOMINA NEQVO QVO...
AV... NES... SI PRERITER AVTEM CONDVCTORI SOC IO ACTORIVE EIVS AS... OLISTRI... IN
SO QVANTORVM... SOC IO QVI ... A ALE INTAS PECTINI ET CONNES LVAM EX LOTO
HABVERE DIE AVN ONAD DIXERIT INTRADIES DE... OS... ... ... EREN INT DE...
DICTO   SOCIO ACTORIVE CENTES I MA... DD   IGO ... POLITICI SI CONDVC
... INIT IVN TO PROXIMO QVAM PRE... CEPE IMAERINT ... ... AI IN ... EACTVI ET
SCRIPTVRAE ARGENT... RAE ... CONTRACTVS   IVM QVI EI PI CONTE INV TRAEIN ES TRAE
... ET ... ... EIN TRA... IES ... ACTAS MA... ... MORI ARGEM RIT CENTESIMA...
DIEI INAV SI ... ONI AVOLV ESE... ... ... INA VENDIDER IT CAPI VI RINI MAS NCV DA ...
... ... IE TAVSIN... ... IRVE... CONDVCTOR... IS... SOCIO... IN ... VSTO... ET... ... DEIN...
... INAS... ISOCII NIQVE... ... CONDICENI SOL... IAC TORI VE... A... ADD... ... AI TOR IV...
... ... ATOR... OS OS... VENTI LITOR...SI DEBITVM SI VDERI ... ENI... ... ... AVE...
... LOMA VSV ... EN I PEND... RIT ... SE DE COMI TION VA... ORI CONDV IOI SO
A LI I E... VI ... L I ... ... CONDI TORI OIS S... ... I NE SI CVAS TEN OMNI A... ... CEN RE ... N I
... I TO... ... ... PRESTA... VSLO ORI A... DE INIO EN I
... ... I N D ... ...KAL... A...
... ... A D O N ... ... O... ... ... SO... ... QVI VVLT A... GE R VAS ... OEN I
... ... CONDICT... PROC... AGE R VE N
... ... CONDVCTORI SOC IO BONIS IO VSVE ... IN
... ... GENA GNAV DEPE RE VEL ... IO
... ... AS CONDVCTOR EN...
... ... ANOENV INT... IEI AL VAC SIIO QVID SE RIT N STI
STIOR ... MA O... NIS AM... IVM ... IONI ALTERVA... ARA ... CONDVCTO...
... ... ACO... ... ... O SI VI OMNET... POREL HA... LO QV...
TE RNI ... ... AN ... EO VA ES IO BE TRACT RE E
CON... ... ... I... ... SI VDO N... QVO... D BUI ... VE N DI DERE DIT VENDE DID
... ... ANE DECONDI TOR... VEDA... MI EXTE FER RA...
... ... E... CAPERTICV... ... PERI CVLO... ... AM... IN ST LLO BIT N N SI
VT... CONDICTOR... QVEL VNI VOR I GI AMEN TOR IVN PRAE STA DE LO IT ... A ET E
I OS   ... ... TON STRVI   CONDVCTOR I VIDEBI T ... ... AN EA E SI N
... ... IONI ... TONVA... VS CAVSA FACIAT VEI TAR ONI SIRVA... IS CENTESI MA
CONDVCTORI SOC IO AC TORI VE DD SI CET FERRAM DECO QVAM SSA CONDVCTOR I AN NE
DOMINO   ... PRISI SERVO CVIVS VE NALI BNI   EIR TORI BVS QVO SCONDVC
DVCTORISO QVO CTOR I SOC IO TORI SO CATIOI SO QVI EN VSC APIEN TE AN PROHI BVE
BV SION   CONDICTOR I SOC IO AC TORI VE EIVS D ONI EO RI FO... VM AIV...
TABERNARVM ... ... OR... VM... ... VEA... ... ... ER VI LIN EI R... VINT PRA V...
EIVS ACTORV EI VS LO C... V... BI BE R AI S IRI IN CE LO... ONI C N... VENITA D VE RSV...
... LIB CONDVCTOR I SOC IO AC TORI VE EIVS DD   EI CV NS CONDVCTOR I SOC IO ACTOR
SCRIPTVRAE CAVRARIORVM ET TESTARIORVM   ONIN IN TIBVS AE
AS ARGENTARIAS ACRARIAS PVLFEREM VE EX SCAVRE RVI VA N N AD ALVRA M PON DV
DIRE FRANGE RE CERNERE EVA REVOLEI QVI VILLA BICAEDIN ETORVS ONDO QVA MODO FACIEM
SERVO MERCENNARIOS QVE MITTENT INTRIDVO PROXIMO PROFITEAN IVR ET SOLVN
INTRA RK... VAS QVE N IT NE CERIN T OP IN AD I I   QVI EX I BIOCI SVBERTV M BISN
FINE... ... ... TATORVM... INFERET IN P. G X I CONDVCTORI SOC IO AC TON VEIVS DD   OV
... OC TOSO OC IO AC TORI VE EIVS DE BEBITVR NEC VE ADI I O QVA DEBERI C O EPI NV ERIT
CONDVCTORI SOC IO ACTORI VEIVS PIGNVS CAPERE LICE TOIT QVOD IVSS CAVRA...

SERVICE PHOTOGRAPHIQUE DU GOUVERNEMENT PORTUGAIS

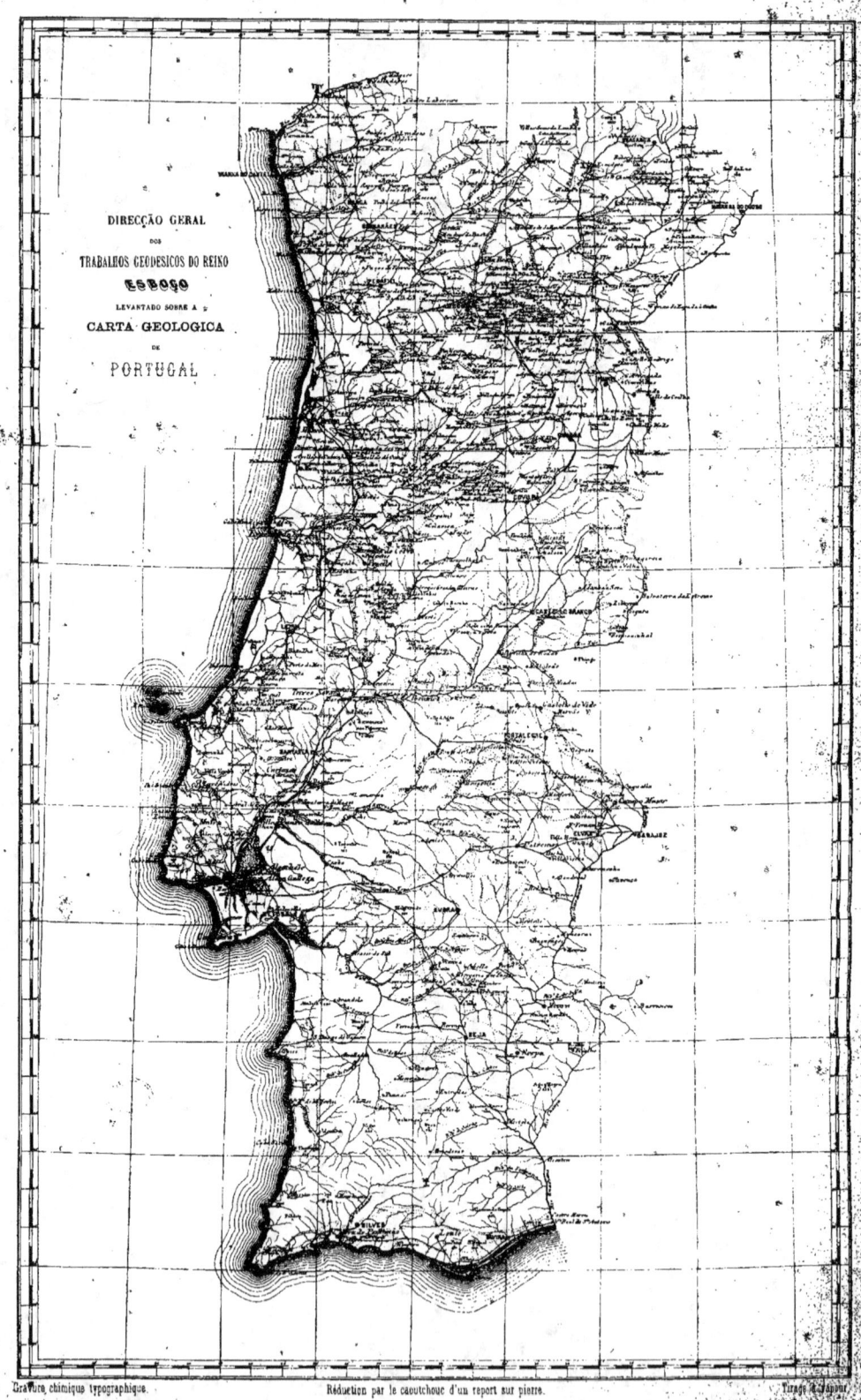

DIRECÇÃO GERAL
DOS
TRABALHOS GEODESICOS DO REINO
ESBOÇO
LEVANTADO SOBRE A
CARTA GEOLOGICA
DE
PORTUGAL

Gravure chimique typographique. — Réduction par le caoutchouc d'un report sur pierre. — Tirage à vapeur

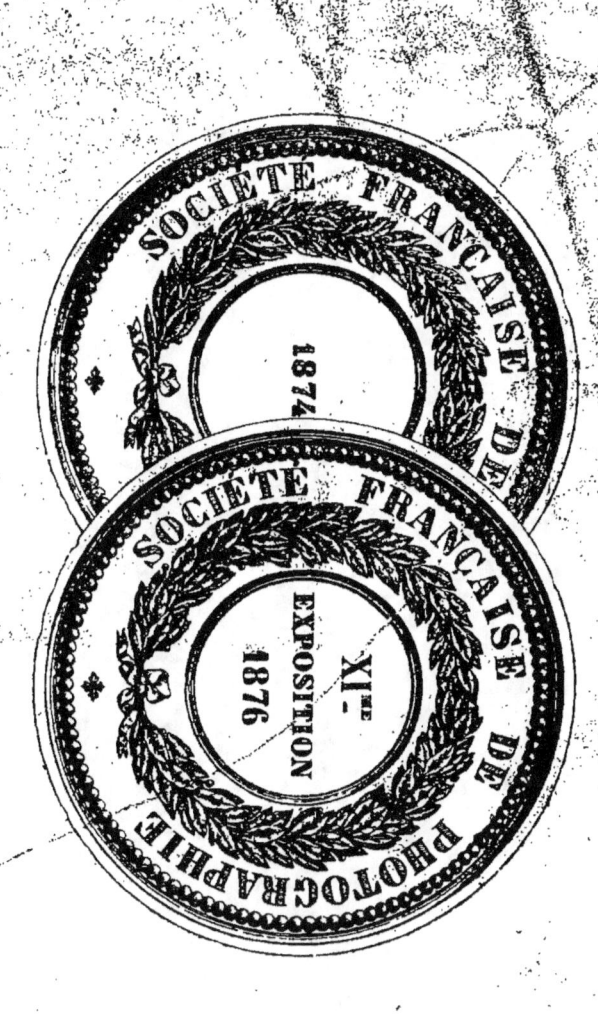

www.ingramcontent.com/pod-product-compliance
Lightning Source LLC
Chambersburg PA
CBHW050015230526
45470CB00003B/984